GAUDÍ

GAUDÍ

JOHN GILL

KRONE

Parragon
Queen Street House
4 Queen Street
Bath BA1 1HE, UK

Übersetzung aus dem Englischen: Uta Hasekamp, Bonn
Redaktion: Dr. Doris Hansmann, Köln
Koordination: transtexas GmbH, Köln

Genehmigte Sonderausgabe für den Krone Verlag, Lünen

ISBN 3-937485-29-5

Printed in China

CHRONOLOGIE

1878	Die Laternen der Plaça Reial
1878–1882	Parc de la Ciutadella
1878–1883	Mataró
1883–1885	Villa Quijana (El Capricho)
1883–1888	Casa Vicens
1883–1926	El Temple Expiatori de la Sagrada Família
1884–1887	Pavillons der Finca Güell
1886–1889	Palau Güell
1887–1893	Bischofspalast von Astorga
1889/90	Colegio de Santa Teresa de Jesús
1891/92	Casa de los Botines, León
1892/93	Mission der spanischen Franziskaner, Tanger
1895–1901	Bodegas Güell
1898–1900	Casa Calvet
1898–1916	Die Krypta der Colònia Güell
1900–1902	Bellesguard
1900–1914	Park Güell
1903–1914	Kathedrale von Palma de Mallorca
1904–1906	Casa Batlló
1906–1910	Casa Milà (La Pedrera)
1908	Ein von Gaudí entworfenes Bett

INHALT

EINFÜHRUNG

ANTONI Gaudí i Cornet – gemäß der spanischen Tradition, den Nachnamen des Vaters und der Mutter anzunehmen, wollen wir ihn bei seinem vollen Namen nennen – war nur einer der jungen Architekten, deren Bauten die Stadt Barcelona im späten 19. und frühen 20. Jahrhundert weltweit bekannt machten. Doch war er der einzige, der eine grundlegend neue Sprache der Architektur erfand, indem er traditionelle Vorstellungen mit avantgardistischen Ideen zu einer Mischform verschmolz, welche die Betrachter in höchstes Erstaunen versetzte. Seine bedeutendsten Werke, etwa die Kirche der *Sagrada Família*, thematisieren das Mystische und sind – sowohl technisch als auch hinsichtlich seiner Vorstellungskraft – Leistungen, die an das Erhabene grenzen. Ebenso könnte man sagen, dass Gaudí eine neue, volkstümliche Form der Sakralarchitektur geschaffen hat, die den Menschen näher zu Gott bringt.

Gaudí wird zwar als derjenige angesehen, auf den die architektonische Veränderung Barcelonas im ausgehenden 19. Jahrhundert hauptsächlich zurückgeht, doch war er zugleich ein Produkt der Stadt, der Region und seiner Zeit. Er wurde 1852 in Riudoms, in der ländlichen Umgebung von Tarragona geboren, ging im nahe gelegenen Reus zur Schule und wurde in Barcelona ausgebildet. Gaudí durchlebte einen der turbulentesten Zeitabschnitte der spanischen Geschichte. Durch das gesamte Jahrhundert hindurch, bis zum Beginn des spanischen Bürgerkrieges 1936, wurde das Land von Aufständen gegen die Geistlichkeit, Verschwörungen der Rechten, Militärputschen und anarchistischer Gewalt zerrissen. Barcelona, die am weitesten industrialisierte Stadt des Landes, wurde zum Zentrum dieser Konflikte, die dortige Wirtschaft war unbeständig und schwankte zwischen Hochkonjunktur und Pleitewellen. Als Hauptstadt Kataloniens war Barcelona naturgemäß auch das Zentrum einer vitalen katalanischen Regionaltradition, die sich als Erbe der Troubadoure des Mittelalters sah und sich vehement für einen sprachlichen, kulturellen und politischen Separatismus vom übrigen Spanien einsetzte, der noch heute fortlebt. Alle diese Kräfte sollten sich auf das Werk Gaudís auswirken und in diesem ihren Ausdruck finden.

Dem jungen Gaudí schien seine spätere Größe nicht vorherbestimmt gewesen zu sein, und dies gilt noch viel mehr für die außergewöhnliche Kampagne zu seiner Selig- oder gar Heiligsprechung, die zur Zeit ihren Weg durch den

Vatikan nimmt. Er war in eine Familie von Kupferschmieden hineingeboren worden und litt schon als Kind an Rheuma. Er war ein nur durchschnittlicher Schüler, aber sein schlechter Gesundheitszustand scheint ihm die Zeit gelassen zu haben, die Welt um sich herum eingehend zu betrachten. Erst im Alter von 14 Jahren wurde sein Talent offenkundig, als er sich durch außergewöhnliche Leistungen in der Geometrie hervortat – eine Fähigkeit, die er später darauf zurückführte, dass sich seine Familie mit dreidimensionalen Metallobjekten beschäftigte. Er zeichnete Illustrationen für eine Schulzeitschrift und entwarf Bühnenbilder für die Theateraufführungen der Schule. Auch unternahm er mit Freunden Wanderungen und besuchte häufig gotische Ruinen wie das nahe gelegene Kloster in Poblet. Als 15-Jähriger entwickelte er mit zwei Freunden das weitsichtige (wenn auch nicht realisierte) Projekt der Restaurierung des Klosters von Poblet. Sie wollten das Gebäude für Touristen öffnen, um seine Wiederherstellung zu finanzieren.

„Ein mich beherrschender Gedanke trieb mich dazu, mich mit der Stabilität von Bauwerken zu befassen", sollte Antoni Gaudí später formulieren. Im Jahre 1869 übersiedelte er nach Barcelona, um dort seine Schulausbildung zu beenden, und begann, sich auf ein Architekturstudium vorzubereiten. Auch hier war er ein Student, der sich durch nichts hervorhob, doch war auch die Escuela Técnica Superior de Arquitectura möglicherweise nicht unbedingt in der Lage, seine Talente adäquat zu fördern. Als ihm die Aufgabe gestellt wurde, ein Tor für einen Friedhof zu entwerfen, sagte Gaudí – der möglicherweise hier seine Fähigkeit zum lateralen Denken unter Beweis stellte –, dass er erst die zum Friedhof führende Straße und die Trauernden zeichnen müsse, bevor er das Tor in Angriff nehmen könne. Man ließ ihn durch die Prüfung fallen.

Um seine Ausbildung zu finanzieren, arbeitete Gaudí als Assistent im Büro des Architekten Josep Fontseré i Mestres. Fontseré erhielt den Auftrag, den neuen Stadtpark *Parc de la Ciutadella* zu entwerfen, und die Handschrift des jungen Gaudí hat man in einigen Punkten herauslesen können. Ein Beitrag steht außer Frage: Gaudí erkannte, dass die Pläne für den Behälter, der den riesigen Brunnen des Parks mit Wasser versorgen sollte, signifikante Fehler aufwiesen, und entwarf für Fontseré eine Alternativlösung, die dieser dankbar annahm. Diese für einen Anfänger beachtliche Leistung brachte Gaudí Punkte ein, als die Nachricht seine bislang von ihm wenig beeindruckten Architekturprofessoren erreichte.

Wenn der junge Gaudí sich in seiner Denkweise an einem Vorbild orientierte, so war dies der französische Mediävist Viollet-le-Duc. Gaudí war besonders beeindruckt davon, dass Viollet-le-Duc darauf bestand, die Vergangenheit nicht zu imitieren, sondern auf ihr aufzubauen. Das Bewusstsein, etwas Neues oder Andersartiges in einem bereits existierenden Stil oder Material zu schaffen, durchdrang alle Schaffensphasen Gaudís. Außerhalb des Unterrichts an der Architekturhochschule beschäftigte er sich intensiv mit historischen, politischen und wirtschaftlichen Themen, um genauer zu verstehen, wie soziale Faktoren die Gestalt der Gebäude beeinflussen. Auch informierte er sich eingehend über die Monumentalarchitektur früherer Epochen. Diese Studien sollten seine bedeutendsten Werke buchstäblich untermauern.

Sein erster Auftrag war die Errichtung eines Zentrums für eine Arbeiterkooperative südlich von Barcelona – was ein Interesse Gaudís an der im Entstehen begriffenen sozialistischen Bewegung nahe legen könnte. Wenn dies tatsächlich der Fall gewesen sein sollte, so befreite sich Gaudí offensichtlich sehr schnell von allen sozialistischen Neigungen: Sieht man von seinen Sakralbauten einmal ab, so entwarf er während seiner ganzen weiteren Laufbahn die repräsentativen Häuser von Neureichen, die durch das Wirtschaftswachstum in Barcelona immense Reichtümer angehäuft hatten. Ihre Unterstützung verschaffte ihm auch Zugang zu den exklusiven und wohl freimaurerischen Kreisen des konservativen katholischen Patriziats. Durch seine Mäzene und Freunde erhielt er die prestigeträchtigsten Aufträge, darunter im Alter von 31 Jahren den Auftrag für *El Temple Expiatori de la Sagrada Família* (Sühnetempel der Heiligen Familie).

Gaudí arbeitete bis drei Tage vor seinem Tod im Jahr 1926 an der *Sagrada Família*, doch erlebte er nur die Vollendung eines der zwölf Türme der Kirche, welcher nach dem heiligen Barnabas benannt wurde. Seine Arbeit wurde durch seine Assistenten und, später, durch weitere hinzugezogene Architekten fortgeführt, welche von einer Privatstiftung beauftragt wurden, die für die *Sagrada Família* zuständig war. Die Debatte, ob die Kirche so belassen werden sollte, wie sie bei Gaudís Tod war, oder ob sie vollendet werden soll, dauert immer noch an. Auch werden die modernen Interpretationen von Gaudís Zeichnungen für das Gebäude kontrovers diskutiert: Es ist bekannt, dass er nach häufig abgeänderten Skizzen arbeitete und keine bis ins Detail festgelegten oder endgültigen Pläne für die *Sagrada* hinterließ. Bis heute ist die Kirche unvollendet, wenn auch täglich an ihr gearbeitet wird.

Den Grundstein zu Gaudís Karriere legte ein kleiner, aber exquisit gearbeiteter Präsentationskasten, der seinen Weg in die Pariser Weltausstellung von 1878 gefunden und dort die Aufmerksamkeit von Eusebio Güell i Bacigalupi erregt hatte. Zurück in Barcelona suchte Güell, Erbe einer der reichsten Familien der Stadt, den Entwerfer auf. Sie wurden enge Freunde, und Güell wurde Gaudís wichtigster Auftraggeber.

Gaudís frühe Gebäude zeigen gewisse Anklänge an den Mudéjarstil, den von Spaniens maurischer Vergangenheit inspirierten spanisch-arabischen Stil, sowie an die Gotik. Doch erst bei seinem ersten Gebäude für einen privaten Auftraggeber, der *Casa Vicens*, war klar, dass es sich, um eine Formulierung der Musikgruppe *Talking Heads* aufzugreifen, um „houses in motion" handelte – um Häuser in Bewegung. Schon hier trieb Gaudí Statik und Konstruktion zum Äußersten und beunruhigte damit häufig seine Arbeiter, die befürchteten, dass die Gebäude einstürzen würden (was nicht geschah). Seine großen Profanbauten, wie etwa die *Casa Batlló* und die *Casa Milà*, lösten sich vollständig aus den Grundfesten der konventionellen Architektur und nahmen fließende, organische, tierische und sogar menschliche Formen an. In der *Sagrada Família* überführte er diese Verfahrensweisen in die Errichtung einer Kathedrale, die atemberaubend ist und zugleich durchaus ein Zugeständnis an den Massengeschmack darstellt. Zudem gelingt es dieser Kirche, die ja ein „Sühnegebäude" ist, welches für die Sünden der modernen Zivilisation büßt, in ihrem Ehrgeiz und ihrer Vermessenheit eine unmissverständliche Arroganz an den Tag zu legen. Doch sind dies keinesfalls die einzigen Widersprüche im Werk Antoni Gaudí i Cornets.

Gaudís Werk fällt in eine Zeit, in der sich auch der *modernisme* in Barcelona zur vollen Blüte entwickelte, eine Bewegung, die von der wirtschaftlichen Hochkonjunktur angeregt und finanziert wurde. Doch handelt es sich dabei lediglich um eine zeitliche Koinzidenz. Während die *modernistas* ihre Anregungen vom französischen Art nouveau oder dem deutschen Jugendstil empfingen, bewegte sich Gaudí in die entgegengesetzte Richtung. Einige der großen Gebäude der *modernistas*, wie Lluís Domènech i Montaners großartiger Palau de la Música Catalana, sind nicht weniger eindrucksvoll als ein jeder Profanbau Gaudís, doch war Gaudís Programm ein gänzlich anderes. Er verachtete die Moderne, wenn er ihre Vorstellungen auch zweifellos für seine eigenen Ziele übernahm. Hierbei handelte es sich um die Suche nach der reinen

Form, eine Suche, die ihn bis zum Baum und bis zum Knochen zurückführte. Zudem war sein Ziel eine Architektur, die Katalonien verherrlichen sollte – daher rührt der dichte und häufig mehrdeutige Symbolismus in seinem Werk. In seinen sakralen Bauten, wie der *Sagrada Família* und der von ihm restaurierten Kathedrale in Palma de Mallorca, wollte er die Mängel der gotischen Architektur beheben – er verabscheute frei stehende Strebepfeiler, die er als „Krücken" bezeichnete – und der Kirchengemeinde, räumlich und metaphorisch gesehen, einen Gott näheren Platz verschaffen.

Sein Privatleben bleibt auch heute noch ein Rätsel, und es ist gut möglich, dass er sein ganzes Leben, auf jeden Fall seine letzten Jahrzehnte, fast ausschließlich seiner Arbeit widmete. Er heiratete nie, obwohl er eine Anzahl von Liebesbeziehungen einging. Es scheint, als habe er in mittlerem Alter eine Krise durchlebt, die ihn tief in eine obsessive Religiösität drängte (diese gab den Antrieb für die gegenwärtige Kampagne zu seiner Seligsprechung). In seiner Jugend war er ein Dandy gewesen, der das Stadtleben genoss, später führte er ein strenges, asketisches Leben. Er fastete, verschenkte seinen Besitz, und schließlich, als die *Sagrada Família* von einer finanziellen Krise in die nächste geriet, bettelte er um Geld, um das Projekt fortsetzen zu können. In seinen letzten Lebensjahren wurde er zum Einsiedler, schlief in seinem Büro, aß nur wenig und besuchte täglich die heilige Messe. Es ist gut möglich, dass sein sich selbst bestrafender Lebensstil seine mystische Vorsstellungskraft gefördert hat. Einem Freund jedenfalls erzählte er: „In dem Moment, in dem ich fühle, dass mein Körper schwächer wird, fühle ich, dass mein Geist beweglicher wird." Und einem anderen Besucher sagte er: „Ich bin nicht allein. Ich bin von einer unermesslichen Reihe von Wundern umgeben."

Als er im Juni 1926 von einer Straßenbahn überfahren wurde – drei Tage später erlag er seinen Verletzungen –, sah der 72-jährige Gaudí so heruntergekommen aus, dass man ihn in ein Armenhospital brachte. Als seine Freunde ihn dort fanden, lehnte er es ab, in ein anderes Krankenhaus verlegt zu werden. Als Gaudís Leichnam nach seinem Tod öffentlich aufgebahrt wurde, erschienen tausende zu seinem Begräbnis.

Als der *modernisme* seine Aktualität verloren hatte, wurde sein Werk von den Kunstwissenschaftlern nicht mehr gewürdigt und als exzentrisch und beinahe vulgär abgeurteilt. Dennoch traten Le Corbusier und, ein wenig verspätet, Nikolaus Pevsner für ihn ein; Salvador Dalí nahm ihn für die Surrealisten in

Anspruch (der zutiefst konservative Gaudí hätte sich sicherlich in seinem Grabe umgedreht, hätte er davon gewusst), und als Heranwachsender bewunderte Joan Miró die Mosaiken in Gaudís unvollendetem *Park Güell*. In seinem monumentalen Werk *Barcelona* schreibt der Kunstwissenschaftler Robert Hughes, dass die Hippies in den 1960er-Jahren Marihuana rauchten, um den fantastischen *Park Güell* oder die *Sagrada Família* noch besser würdigen zu können. Dennoch war Gaudí nicht humorlos, wie schon der erste Blick auf den *Park Güell* oder die *Casa Batlló* beweist. Als jemand eines seiner Häuser mit dem Pfefferkuchenhaus von Hänsel und Gretel verglich, brach er in schallendes Gelächter aus.

Anklänge an Gaudís Werk lassen sich an den seltsamsten Orten finden. Robert Hughes findet es in den Skulpturen von Claes Oldenburg wieder, und wahrscheinlich ist es auch in den Wellen von Frank Gehrys Guggenheim-Museum in Bilbao existent. Es entstand vor dem Kubismus – den Gaudí auch verabscheute – und vor den vielen anderen Modernismen, die er gleichermaßen missbilligt hätte: vor dem Surrealismus und auch dem Vortizismus, vor dem Konstruktivismus und sogar vor dem Futurismus (diese Furcht einflößenden militaristischen Säulen der *Sagrada Família* ...). Was den Pop angeht, kann man es sogar in der Grafik von H. R. Giger finden und auch in dem „lebenden Stein" der Schallplattenhüllen und den Architekturprojekten eines Roger Dean.

Doch Antoni Gaudí i Cornet hätte sie alle zurückgewiesen. Er selbst wandte sich der Natur zu – die er als seine wichtigste Lehrmeisterin bezeichnete – und studierte, was sie einsetzte, um die Dinge zu stützen – Bäume, Steine, Glieder, Körper sowohl von Tieren als auch von Menschen. Er übertrug die Verfahrensweisen der Natur auf die Gebäude, die er errichtete. Das Ergebnis waren Bauwerke wie die *Casa Batlló* und die *Casa Milà*, die Krypta der *Colònia Güell* und *El Temple Expiatori de la Sagrada Família*. Dass diese Formen später auch in anderen Kunstrichtungen auftauchen sollten, ist Zufall. Vermutlich sah Gaudí etwas tiefer Liegendes und Tiefsinnigeres in der Natur und besaß die Fähigkeit, es in Architektur umzusetzen. Sicherlich haben nur wenige andere Architekten Werke hervorgebracht, die sich an Constantin Brancusis Definition von Architektur als „bewohnter Skulptur" messen lassen. Es mag zwar prätentiös erscheinen, und es ist sicherlich ungewöhnlich, dass sich ein nicht gläubiger Betrachter bei diesem Vorschlag ertappt, doch erscheint es fast, als ob Gaudís Werk ein Gespräch mit seinem Gott führt, völlig privat und dennoch in aller Öffentlichkeit. Vielleicht ist es dies, was seinen Gebäuden Flügel verleiht.

PARC DE LA CIUTADELLA *1878–1882*

Courtesy Oronoz

ES gibt bislang keine Bestätigung dafür, dass Gaudí tatsächlich an der Planung des Wasserbehälters für den Parkbrunnen beteiligt war. Angesichts der Tatsache, dass er im Büro des etablierten Architekten Josep Fontseré i Mestres den Posten eines Assistenten innehatte, ist eher davon auszugehen, dass seine Rolle bei der Anlage des Parks eine untergeordnete war. Dennoch ist dies das Projekt, das Gaudí vermutlich zum ersten Mal in Erscheinung treten ließ. Hierfür gibt es zwei Gründe: Zum einen fand die Gestaltung des Parks große Beachtung, denn es handelte sich um ein Projekt in der viel gerühmten Eixample, der von dem avantgardistischen Städteplaner Ildefons Cerda geplanten nördlichen Erweiterung der Altstadt – eines der größten Projekte in der Geschichte Barcelonas, das Raum, Licht und Ordnung in die am meisten überbevölkerte Stadt Europas bringen sollte. Dass Gaudí hieran mitarbeiten konnte, war ein Glücksfall. Ein weiterer Grund für die Zuschreibung zum Werk Gaudís ist im Parkbrunnen selbst verborgen.

Die Bezeichnung „Brunnen" ist ein wenig irreführend. Die Anlage lässt noch am ehesten an einen wasserreichen Gebirgsbach denken, der auf geheimnisvolle Weise in das Herz der Stadt geleitet wird. Über zehn Stufen wird der Wasserfall in zwei konzentrische Becken geleitet, umgeben von ausgefallenen Monumentalskulpturen. Es ist möglich, dass Gaudí an den kunstvollen rustizierten Steinarbeiten im Wasserlauf beteiligt war. Sein wichtigster Beitrag war jedoch seine Berechnung, nach welcher der Behälter, der den Brunnen mit Wasser versorgte, einstürzen könnte. Dieses Gefühl für das Technische ist in seinem gesamten Werk zu finden.

DIE LATERNEN DER PLAÇA REIAL *1878*

Courtesy Oronoz

DIE Gestaltung der Laternen, die noch heute auf der Plaça Reial, ganz in der Nähe des südlichen Endes der Ramblas in Barcelona, stehen, lässt vermuten, dass Gaudí für einige Metallarbeiten im Parc de la Ciutadella verantwortlich war, darunter die Tore und die zu ihnen gehörigen Lampen. Sie zeigen eine beträchtliche Zuversicht und Erfindungskraft bei dem Entwurf komplexer Metallarbeiten. Es wäre zu früh, hier schon das Auftreten eines spezifischen Stils zu erwarten, doch lässt sich bereits Gaudís Verhältnis zur Geschichte erahnen – oder das, was von einem Kunstwissenschaftler einmal als „Nicht-Geschichtsbewusstsein" bezeichnet wurde: Antoni Gaudí löste Motive aus ihrem historischen Kontext und kombinierte sie mit anderen. Dies wird bei den Lampen des Parks offensichtlich, die eine mittelalterliche Sinnbildlichkeit, z. B. den Ritterhelm, mit zeitgenössischem Dekor verschmolzen.

Die Laternen auf der Plaça Reial waren Gaudís siegreicher Beitrag für einen Wettbewerb des Jahres 1878. Sie sind sehr viel kunstvoller als die des Parks de la Ciutadella. Bemerkenswert und am oberen Ende eines jeden der Laternenpfähle mit sechs Lampen besonders gut sichtbar ist der Flügelhelm des Götterboten Merkur. Tatsächlich ist dieser Helm Bestandteil eines übergreifenden Themas, das an den Pfosten ersichtlich wird – der Darstellung des Caduceus mit zwei Schlangen, die sich um den mit einem Helm bekrönten Heroldsstab winden. Die Schlange – welche Sicherheit, Kontinuität, die Ewigkeit und auch eine Anzahl eindeutig negativ belegter Vorstellungen symbolisieren kann – sollte auch fortan eines der wichtigen Symbole Gaudís bleiben, das er bis zum Ende seiner Laufbahn verwendete.

MATARÓ *1878–1883*

Courtesy Prof. Joan Bassegoda Nonell/Real Cátedra Gaudí, Barcelona

DAS Projekt für eine Genossenschaftssiedlung der Textilarbeiter-Kooperative La Obrera Mataronense in der südlich von Barcelona gelegenen Stadt Mataró war Gaudís erster größerer Auftrag. Manchmal hat man in dem Mataró-Projekt einen Beweis für Gaudís Interesse an der im Entstehen begriffenen sozialistischen Bewegung gesehen. Angesichts seiner weiteren Laufbahn wird jedoch deutlich, dass für diese Behauptung jegliche Hinweise fehlen und sie einer rationalen Grundlage entbehrt.

Die Kooperative in Mataró war in der Gegend um Barcelona nur eine von vielen. Sie waren aus dem Boden geschossen, um den enormen Bevölkerungsbewegungen infolge des Niedergangs der Landwirtschaft und des industriellen Aufschwungs Herr zu werden. Die spanische Kirche stellte Wohnraum zur Verfügung und half auch in mancherlei anderer Hinsicht, doch waren selbst diese Unterkünfte als bloße Stallungen habgieriger Industrieller beschrieben worden. Einige philanthropische Arbeitgeber jedoch, so etwa Gaudís künftiger Freund und Auftraggeber Eusebi Güell i Bacigalupi, ließen musterhafte, an das britische Port Sunlight erinnernde Arbeitersiedlungen errichten.

Bevor sich die Kommune in Mataró auflöste, gelang es Gaudí, eine Bleichhalle zu planen und die Ausführung des Baus auch zu überwachen. Im Inneren der Halle waren eine Anzahl von Slogans, wie etwa „Nichts ist machtvoller als die Brüderlichkeit" und „Genosse! Sei solidarisch" angebracht. Nach dem Zusammenbruch der Kooperative erklärte Gaudí zwar, dass er ein unpolitischer Mensch sei, doch alle seine späteren Freundschaften schloss er mit Personen der religiösen und industriellen Rechten.

CASA VICENS, CARRER DE LES CAROLINES *1883–1888*

Courtesy Oronoz

DIE *Casa Vicens* war Gaudís erster Entwurf für ein Privathaus, und auch sonst kommt das Gebäude in mehrfacher Hinsicht einer Premiere gleich. Zwar war der Architekt hier noch deutlich dem Mudéjarstil und der arabischen Baukunst verpflichtet, doch lässt sich erkennen, dass er sich schon zu diesem Zeitpunkt auf den reifen Stil seiner späteren Gebäude zubewegte.

Gaudí wurde 1878 von dem reichen Ziegelfabrikanten Manuel Vicens i Montaner mit der Errichtung eines Stadthauses beauftragt. Der Grundriss ist eher konventionell, doch wurde die Schaufassade des Hauses an die Seite verlegt, um das Grundstück möglichst optimal auszunutzen. So konnte ein Garten angelegt und die Privatsphäre der Haupträume gewährleistet werden. Einige Themen, die in Gaudís Werk immer wieder auftreten, werden schon hier deutlich: die rein dekorativen, minarettartigen Türme auf dem Dach, das komplizierte Fliesenmuster, im Metall des Zauns das Blatt (oder die Palmette) der Margalló-Palme – so die katalanische Bezeichnung für eine Zwergpalmenart –, die Verwendung von Parabelbögen im Inneren des Hauses und hervorkragender Stützelemente im Äußeren. Beim Bau ergab sich Gaudís erster Konflikt mit übervorsichtigen Bauarbeitern, die sich darum sorgten, dass das Gebäude einstürzen könnte. Ein Arbeiter warnte ihn, dass das Gewicht des fertig gestellten Hauses die Konsolen zerstören würde, die auslegerartigen Ziegelauskragungen, die die obersten Stockwerke stützen. Gaudí versicherte ihm, dass er die nötigen Berechnungen durchgeführt habe, aber der Mann verweilte noch lange auf der Baustelle, sicher, dass das Bauwerk Schaden erleiden würde. Die *Casa Vicens* steht, unbeschädigt, noch heute, mehr als 120 Jahre nach ihrer Erbauung.

Casa Vicens

Der Aussenbau

Courtesy Oronoz

DIE vertikalen und horizontalen Linien der Kacheln an der *Casa Vicens*, die abgeschrägten Rechtecke mit roh behauenen Steinen, die Balkons auf dreipassförmigem Grundriss – einem Muster von drei Blättern – und die frei geformte Metallarbeit vermitteln uns einen guten Eindruck von den unterschiedlichen Bezugspunkten, die sich in Gaudís erstem Haus finden. Er übernahm Motive aus der arabischen und der Mudéjar-Baukunst, jonglierte mit den Formen und überlagerte, mischte und verschmolz verschiedene Stilrichtungen zu einem unverwechselbar eigenen Stil.

Schon in diesem Gebäude erzielt diese Ästhetik Gaudís das Gewünschte sicher und voller Selbstvertrauen, man könnte sogar sagen, mit einer arroganten Bestimmtheit.

Die *rejillas* (Fenstergitter) sind ein häufiger Bestandteil der spanischen Wohnhausarchitektur des 19. und noch des 20. Jahrhunderts. Sie gehen auf das Mittelalter zurück und haben heute eine großenteils dekorative Funktion.

Keine andere europäische Kultur hat diese Art von Fenstergittern, die Außenstehenden in gewisser Weise bedrohlich erscheinen, so sehr in ihre Architektur integriert wie die spanische. Gaudí hat den *rejillas* der *Casa Vicens* eine mittelalterliche Note hinzugefügt, wobei er den eleganten Schwung des Art nouveau auf die aggressiven Metallspitzen übertrug, was er in zahlreichen späteren Gebäuden wiederholte.

CASA VICENS

DIE INNENRÄUME

Courtesy Oronoz

WENN ihre Größe auch nur bescheiden und ihr Grundriss einfach ist, sprüht die *Casa Vicens* vor Ideen. Mit diesem Gebäude begann Gaudí, die Stadt Barcelona, oder zumindest diesen *barrí*, zu prägen. Es war das erste Haus, dessen Innenräume er bis ins Detail durchgestaltete. Sie gehören zu den am aufwändigsten gestalteten in seinem gesamten Werk, was vermutlich darauf zurückzuführen ist, dass ihm Manuel Vicens i Montaner freie Hand ließ.

Wie anderswo übertrug Gaudí seine komplizierten Fliesenmuster der Fassade auch auf das Hausinnere, wo sich sowohl das Schachbrettmuster und die floralen Motive als auch der Kontrast zwischen dem schimmernden Glanz der Glasuren und dem matten Stein wieder finden. Doch sind es hier nicht die rohen Steine des Äußeren – ein Markenzeichen Gaudís, das später eine kulturelle und sogar politische Symbolkraft erhalten sollte –, sondern die verschwenderischen maurischen Muster, die wir oberhalb dieser ungewöhnlich proportionierten Tür und auf den Säulen über der den Lambris abschließenden Leiste sehen können. Sie erinnern an die mathematischen Deckenmuster von Gebäuden wie dem Alcázar in Sevilla oder der Alhambra in Granada.

Es ist unmöglich, in dem farbigen Glas die religiösen Konnotationen zu ignorieren. In allen Kirchen in Gaudís Umgebung gab es wunderbare Buntglasdarstellungen – ihrer Aussagekraft und der in ihnen zum Ausdruck kommenden Ehrfurcht ist es zu verdanken, dass die Verlockung, diese vom Licht bestimmte Kunstform auch im säkularen Bereich zu verwenden, für den jungen Architekten immens groß gewesen sein muss. Direkte Beziehungen zur sakralen Kunst sind in dem farbigen Glas der Tür nicht zu finden, doch ist ein indirekter Hinweis durchaus vorhanden.

CASA VICENS

DIE DECKE

Courtesy Oronoz

SEINER Ansicht entsprechend, dass jeder Aspekt eines Hauses, vom Gesamtplan bis zum kleinsten dekorativen Detail, selbst „unsichtbare" Elemente wie Wasserrohre und Abwasserkanäle, Teil eines organischen Ganzen sei, verwandte Gaudí viel Sorgfalt auf die Innenausstattung der *Casa Vicens*. Er erprobte hier auch etwas, das zu einem anderen Hauptthema seines Werks wurde: die geistreiche, fast doppeldeutige Verwendung von Zitaten, die er der Natur oder künstlerischen Stilen entnahm und die häufig an das Trompe-l'œil grenzen. Dies scheint Gaudís berechtigtem Ruf als naturalistischer Architekt zu widersprechen, der seinen eigenen Worten nach der Integrität von Form und Materie verpflichtet war. Doch können diese launischen oder fast komischen Randbemerkungen mit seiner Architekturphilosophie und dem Wert, den er auf das Dekor legte, in Verbindung gebracht werden.

Die dem maurischen und dem Mudéjarstil entsprechenden Details, die er für die Innenräume der *Casa Vicens* entwarf, können als fast nebensächlich gelten, wenn man sie mit den anderen effektvollen Dekorationen vergleicht, die er dort inszenierte. Er umwand Säulen mit plastischen Früchten, die in gemalten Wandeinsätzen ihre Entsprechung finden, und hängte Vögel an eine Decke: Durch eine sorgfältig berechnete Perspektive gelang es ihm, die flache Oberfläche wie eine durchsichtige Glaskuppel erscheinen zu lassen, über der Vögel in den Himmel fliegen. Solche Effekte wiederholten sich in seiner gesamten Laufbahn und fanden ihren – buchstäblichen – Höhepunkt in der *Sagrada Família*.

Casa Vicens

Details des Aussenbaus

Courtesy Oronoz

SCHON als sein erster Privatbau zeigt die *Casa Vicens*, dass Gaudí als Architekt bereits eine gewisse Meisterschaft erlangt hatte. Mit der Entscheidung, die Seitenfront der Straße zuzuwenden – eine Position, die der aller anderen Gebäude im Carrer de les Carolines entgegenläuft –, nutzte Gaudí den begrenzten Platz kühn und einfallsreich. Dies brachte er später zur Vervollkommnung, als er den *Palau Güell* in ein kleines Grundstück am Rande der Ramblas einpasste. Obwohl er andere Stile zitiert, fällt die eigenwillige Handschrift des Architekten schon hier auf. Sie ist nicht zuletzt in einem verborgenen Spinnennetz aus Metall zu erkennen – eine winzige Hommage an seine Metall bearbeitenden Vorfahren und zugleich eine Anspielung auf ein natürliches Genie der räumlichen Gestaltung.

Am bemerkenswertesten ist jedoch, dass überall an der Fassade der *Casa Vicens* aus Eisen geschmiedete, sich krümmende Schlangen zu sehen sind. Die Schlange ist das Symbol, das in Gaudís Werk möglicherweise als Erstes auftrat und am längsten Verwendung fand. Außer ihrer allgemein bekannten biblischen Symbolik steht sie als Sinnbild für Gesundheit, Langlebigkeit, Schaffen, für die Natur, die Weisheit und vieles andere mehr. Einen Höhepunkt in Gaudís Werk erreichte dieses Motiv in der Schlangenbank des *Park Güell* – wo auch die Palmette mit allen ihren Details ganz bewusst wiederholt wurde –, und es hat sogar in der religiösen Skulptur der *Sagrada Família* einen Platz.

Wie die Fenster der *Casa Vicens* ist auch ihre Fassade in einem nahezu märchenhaften Stil gehalten. Der Schrecken, der durch die tödlichen Schlangen verbreitet wird, kontrastiert mit den wunderbaren muschelartigen Mustern der Tore.

CASA VICENS

DIE FLIESENMUSTER

Courtesy Oronoz

DIE Ziegel und Fliesen bringen nicht nur das Muster der Fassade besonders gut zum Ausdruck, sie waren auch ein äußerst preiswertes Baumaterial – insbesondere, da sie vom Eigentümer selbst zur Verfügung gestellt wurden. Das geflieste Schachbrettmuster kann den Einfluss der arabischen Kunst nicht verleugnen, in dem lebendigen Blumenmuster erlaubte sich Gaudí allerdings eine persönliche Note. Als der Architekt den Bauplatz zum ersten Mal besuchte, war er mit kleinen gelben Blumen übersät. Da Gaudí der Meinung war, dass ein Gebäude etwas von dem Platz, auf dem es errichtet ist, wiedergeben soll, ließ er die Blumenmuster der Fliesen gleichsam die Hausmauern emporklettern. Ihr Muster hat einen fast musikalischen Rhythmus, indem die Fliesen sich wiederholen und einander in diagonalen und vertikalen Linien überschneiden. Hier setzt auch ein weiteres Hauptthema im Werk Gaudís ein: So wie er die gelben Blumen dem Bauplatz wieder zurückgab, verwendete er das Blatt einer Zwergpalme, die er auf dem Grundstück fand, wiederholt in den Metallarbeiten. Die glatten Fliesen werden mit dem absichtlich rau gehaltenen Stein kontrastiert – eine weitere wichtige Verfahrensweise im Werk Gaudís.

So gesehen war Gaudí möglicherweise der erste „ökologische Architekt". Seine Verwendung von Materialien, die auf dem Bauareal selbst vorhanden waren, verrät, dass er ganz bewusst das Traditionelle mit dem Modernen zu vereinigen suchte. Natürlich entspricht sein Werk einer postindustriellen Phase und ist ausgesprochen antimodern: Dennoch setzte Gaudí zeittypische Methoden und Techniken ein und schuf Gebäude, in denen die Mittel, die den Handwerkern seiner Zeit zur Verfügung standen, an ihre Grenzen getrieben wurden.

VILLA QUIJANA (EL CAPRICHO) COMILLAS BEI SANTANDER *1883–1885*

Courtesy Oronoz

OBWOHL es zur gleichen Zeit wie die *Casa Vicens* entstand und mit diesem einige Themen gemeinsam hat, handelt es sich bei *El Capricho* um etwas ganz anderes: Es war ein Sommerhaus für einen reichen Junggesellen. Dieser pflegte einen Lebensstil, der eine ganz andere Aufteilung der Grundfläche erforderte, als es im Stadthaus eines Geschäftsmannes notwendig war. Während das Haus der Vicens über die typischen Räume wie Schlafzimmer, Bäder, Küche, Esszimmer usw. verfügen musste, bestand *El Capricho* aus einer Folge von Räumen, in der Don Máximo Gäste empfing. Die Schlafzimmer und Dienstleistungsräume waren um einen großen zentralen Salon gruppiert.

Der Ideenreichtum Gaudís, der hier nicht so vielen Einschränkungen unterlag wie auf dem Grundstück der *Casa Vicens*, entfaltete sich zunehmend freier. Der Turm ist nicht nur ein rein dekoratives Element wie auf dem Dach der *Casa Vicens*, sondern lässt sich erklimmen und als Aussichtspunkt nutzen; die protzigen Konsolen stützen ein massives Dach, das wohl ausschließlich im Hinblick auf das regnerische Klima Nordspaniens entworfen wurde; die Fassade wimmelt von architektonischen Details. Hier trieb Gaudí die schon an der *Casa Vicens* erprobten Vorstellungen weiter und wurde in seiner Ausführung des Baus kühner. Zudem unternahm er erste Schritte zur landschaftlichen Gestaltung des umgebenden Terrains: Er erweiterte die Hausmauern zu Stützmauern des Hügels, welche Sitzplätze im Freien einschließen, die von noch protzigeren hervorkragenden Ziegelpfeilern scheinbar „verteidigt“ werden.

VILLA QUIJANA (EL CAPRICHO)

DIE FASSADE

Courtesy Oronoz

DIE Fassade von *El Capricho* ist zwar bei weitem nicht so unruhig wie die der *Casa Vicens*, doch ähneln sich die beiden Häuser in stilistischer Hinsicht durchaus. Hier, in Gaudís zweitem Auftrag für ein Privathaus, haben weitere Charakteristika von Gaudís Stil ihren ersten Auftritt.

El Capricho sollte einem reichen Mann zum Vergnügen dienen, und der Entwurf – mit einer neogotischen Formensprache, die das Haus so aussehen lässt, als sei es aus bunten Bonbons gebaut – scheint einem ausgeklügelten Spiel zu entsprechen. Der Reichtum der Farben, die in geometrischen Mustern auf der Fassade verteilt sind, nimmt die wilde Farbigkeit der *Casa Batlló* bereits vorweg, und es gibt weitere Motive, die auf dieses erste Haus Gaudís in der Eixample, dem neuen Stadtviertel Barcelonas, vorauszuweisen scheinen. Das Spiel der Farbtöne setzt sich auf dem Dach fort, wo die Terracotta auffällig mit den grün glasierten Ziegeln kontrastiert: Entfernte Abkömmlinge dieser Elemente sollten später runde Formen annehmen und auf dem Dach der *Casa Batlló* an den Rücken eines Dinosauriers erinnern. Andere aus der Menagerie Gaudís vertraute Gestalten sind ebenfalls schon zu sehen: Die Schornsteine sind ganz offensichtlich Verwandte der Visiere tragenden Wächter auf dem Dach der *Casa Milà* und anderer Schornsteine Gaudís, die alle ihre eigene Geschichte erzählen.

VILLA QUIJANA (EL CAPRICHO)

DIE SONNENBLUMEN-SCHORNSTEINE

Courtesy Oronoz

DIE Sonnenblumen-Schornsteine von *El Capricho* sind gewissermaßen eine Kuriosität. Schon früh bemühte sich Gaudí darum, auch den weniger reizvollen Aspekten eines Hauses oder Gebäudes Aufmerksamkeit zu schenken: Er interessierte sich für die Funktionalität der Innen- und der Serviceräume und dafür, wie die Wasserversorgung, die Abfallbeseitigung, die Öffnungen für die Zufuhr von Wärme und Luft und auch die Beleuchtung stimmig in den Entwurf zu integrieren waren. Die Schornsteine von *El Capricho* sind mit den auffälligen Schornsteinen verwandt, die Gaudí, manchmal in Gruppen, auf seine späteren Häuser setzte – was von Kunstwissenschaftlern als Anspielung auf die religiöse Skulptur gedeutet wurde. Doch hier bringt die Fülle der Sonnenblumen ein weiteres, fast heidnisches Element ins Spiel.

Lässt man die späteren Anspielungen auf Okkultes einmal außer Acht, so scheinen Gaudís Schornsteine anthropomorph zu sein oder lassen doch zumindest die menschliche Gestalt erahnen. Sie sind mit den *espantabrujeras* – was wörtlich mit „Hexenabschrecker“ zu übersetzen wäre – verglichen worden, die in den spanischen Pyrenäen und in anderen Teilen des Landes auf Schornsteinen errichtet wurden, um Hexen an einer Landung auf dem Dach zu hindern. Tatsächlich erhielten die Schornsteine und Lüftungsschächte auf Antoni Gaudís Gebäuden im Zentrum Barcelonas, wie etwa der *Casa Milà*, auch den Spitznamen *espantabrujeras*. Die fantastischen „Heiligenscheine“ mit den symbolträchtigen Sonnenblumen verleihen den „hageren Wachhunden“ von *El Capricho* jedoch den Anschein, als nähmen sie an einem pantheistischen Ritual teil.

Villa Quijana (El Capricho)

Das Eingangstor

Courtesy Oronoz

DIE Proportionen von *El Capricho* könnten den Anschein erwecken, dass die Kaprice oder Laune eigentlich die des Architekten war. Einige Aufsehen erregende Bestandteile des Baus – der Turm und die Aussichtsplattform, das Dach, die äußeren Steinarbeiten – sind in noch größerem Maße übertrieben als die der *Casa Vicens*. Wie die Aussichtsplattform oben auf dem Turm recken sich noch weitere schmückende Bauelemente dem Himmel entgegen. Das Eingangstor, das sich zu der (vom *Park Güell* einmal abgesehen) einzigen Landschaftsgestaltung Gaudís öffnete, wird von dem Wappen des Auftraggebers dominiert. Der Architekt verzichtete hier auf die für seine Baukunst so typischen Parabel- und Kettenbögen zu Gunsten des wohl seltensten Bogens in seinem ganzen Werk, eines neogotischen Steinbogens, der von den angrenzenden Mauern gestützt wird. Diese sind mit einförmigen Fliesenmustern belegt, die auf die Fassade des Hauses Bezug nehmen. Oberhalb sehen wir ein eindringliches Beispiel für Antoni Gaudís Fähigkeit, dreidimensionale Strukturen zu ersinnen und sie in die statische Realisierbarkeit seiner Baupläne zu übersetzen.

Mit einfachen Backsteinstrukturen und Konsolen hob Gaudí Elemente in den Himmel, die wie verzierte Stürze aussehen, und versah überflüssige Details mit weiteren ornamentalen Zutaten. Auf diese Weise erhielt Don Máximo Díaz de Quijano einen seinem Sommersitz angemessenen, imposanten Eingang. In Gaudís gesamtem Werk ist er eines der wenigen Beispiele, bei dem Innovation, Verstand und Geist hinter dem Pompösen zurückstehen. Doch mag dies auf Anordnung des Bauherrn geschehen sein.

VILLA QUIJANA (EL CAPRICHO)

DIE FENSTER

Courtesy Oronoz

WIE die Blumen, die sich überall auf den Fassaden der *Casa Vicens* verteilen, ließ Gaudí auf der *Villa Quijana* Sonnenblumen wuchern. Er selbst hatte bereits bemerkt, dass diese Blume „das Sinnbild für das Zentrum und als solches das archetypische Sinnbild der Seele ist. In der Alchemie symbolisiert sie das Werk der Sonne". Der Zugang zu Sonnenschein und Licht ist eines der Hauptthemen im dekorativen Programm von *El Capricho*: Auch die Fenster sind überproportional verlängert worden, um Licht in das Hausinnere einzulassen.

Über den dekorativen Effekt hinaus beabsichtigte Gaudí mit manchen Merkmalen des Gebäudes ein fröhliches Korrektiv zum Klima Nordspaniens, wo einige Regionen doppelt so viel Niederschlag verzeichnen wie England. Mehrere tausend Sonnenblumen aus glasiertem Ziegelstein, die in vertikalen und horizontalen Bändern in einem quadratartigen Rhythmus über die Fassade laufen, haben zweifellos ihre symbolische Bedeutung.

Wie die Schornsteine haben auch die Fenster mit ihrem scharfkantigen oberen Abschluss etwas Militärisches. Ihre in Rechtecke gegliederten Rahmen könnten auch als Schießscharten dienen, durch die Waffen auf den nahenden Feind gerichtet werden. Die pfeilförmigen oberen Abschlüsse wirken hart und sind von glasierten Ziegeln umgeben, die Zähnen oder zumindest einem gezahnten Rand ähneln. So sehr die Sonnenblumen das Gebäude wärmen – es fällt schwer zu glauben, dass im Inneren ein warmer Empfang wartet. Die Kanten und die sparsame Verwendung von Farbe verstärken die militaristische Atmosphäre von *El Capricho*.

PAVILLONS DER FINCA GÜELL, PEDRALBES *1884–1887*

Courtesy AISA

IN den von Gaudí für das Anwesen der Familie Güell entworfenen Pavillons erscheint eine Anzahl weiterer Hauptthemen seines Werks. Die Pavillons bringen zudem einen Faktor ins Spiel, den wir bei der heutigen Betrachtung von Gaudís Werken übersehen könnten: die Lage. Zwar wurden einige seiner bedeutendsten Häuser, von der *Sagrada Família* ganz zu schweigen, im Herzen der Stadt Barcelona errichtet, doch entstanden viele auch außerhalb der Stadt, auf damals noch ländlichem Gebiet. (Später wird ein weiterer städtischer Faktor ins Spiel kommen: die „Skyline".) Hieran sollten wir denken, wenn wir diese Gebäude beurteilen, denn der räumliche Zusammenhang ist heute durch die sich ausdehnende Stadt vollkommen verändert worden.

Die Pavillons der *Finca Güell*, die heute an einer belebten Vorstadtkreuzung, gegenüber modernen Wohnblöcken liegen, wurden als Pförtnerhaus, Reithalle und Stallungen des Landsitzes der Familie Güell in Pedralbes errichtet. Auftraggeber war Eusebi Güell, und die Pavillons entstanden etwa zur selben Zeit wie sein Stadthaus, der *Palau Güell* in der Nähe der Ramblas. (Sie liegen in der Nachbarschaft des Parc del Palau Reial de Pedralbes, wo sich, in einem Bambusdickicht nahe dem Monumentalbrunnen vor dem Haus versteckt, ein kleiner Drachenbrunnen von Gaudí befindet.)

PAVILLONS DER FINCA GÜELL, PEDRALBES

DAS DRACHENTOR

Courtesy Oronoz

DIE wilde Kreatur, die den Eingangsbereich zu den Pavillons der *Finca Güell* bewacht, erscheint als Zitat auch in anderem Kontext, am bekanntesten ist wohl der Film *Alien*. Eine stilistische Ähnlichkeit zwischen dieser Phase in Gaudís Architektur und den Entwürfen des Schweizer Künstlers H. R. Giger lässt sich nicht feststellen, doch haben Gaudís spätere, organisch anmutende und knochenförmige Arbeiten einen nicht übersehbaren Einfluss auf die Unheil verkündenden organischen Strukturen in Gigers Szenerie und die Entwürfe für die Special Effects in *Alien* ausgeübt.

Der Drache ist mythischer Herkunft, doch bei dem Ungeheuer im Tor handelt es sich in erster Linie um ein wundervolles Stück Kunsthandwerk, sowohl was den vom Art nouveau inspirierten Entwurf als auch dessen technische Ausführung betrifft. Das Tor besteht aus einem einzigen, etwa fünf Meter hohen Stück Schmiedeeisen, seine Höhe und sein Gewicht machten aus Stabilitätsgründen die Verankerung in einem mehr als zehn Meter hohen Torpfosten erforderlich. Das Eingangstor öffnet sich zu den Gärten des Anwesens, und der Drache weist auf eine Reihe von Symbolen auf der Fassade des Gebäudes hin. (Er hat auch einen weniger wilden Bruder, der das Tor der *Bodegas Güell* in Garaff, südlich von Barcelona, bewacht.) Gaudí versah das Tor, wie in anderen Fällen auch, mit einem kleinen technischen Kunststück: Wenn es geöffnet wird – was selten geschieht, da es ein bescheideneres Gartentor links neben dem geöffneten Rachen des Ungeheuers gibt –, hebt eine Kette, die mit dem Bein unterhalb des Kopfes verbunden ist, die Krallen des Drachen an, als würde dieser den Besucher angreifen wollen.

PAVILLONS DER FINCA GÜELL, PEDRALBES

DIE FASSADE

Courtesy AISA

MIT ihren stark stilisierten arabischen Ornamenten und Motiven, die ihren Ursprung weiter im Osten haben, ähneln die Fassaden der Pavillons zwar denen von *El Capricho* und der *Casa Vicens*, haben aber nicht deren Komplexität. Die Pavillons sind in erster Linie bemerkenswert, weil sie Gaudís erstes Projekt mit einer expliziten Symbolik sind.

Wie Robert Hughes in seiner *Stadtgeschichte von Barcelona* herausstellt, kann der Drache als der schuppige Gegner des heiligen Georg gedeutet werden, der sich als Sant Jordi problemlos in die religiöse Ikonographie der iberischen Halbinsel übernehmen ließ. Doch führt Hughes überzeugende Belege dafür an, dass es sich bei dem Ungeheuer – das nicht nur einen Garten bewacht, sondern auch einen die Torsäule bekrönenden Obstbaum – um den Drachen handelt, der die Gärten der Hesperiden und die golden Äpfel der Sonne bewachte (die hier zu spanischen Orangen geworden sind). Der Drache und die Äpfel, die in der elften Arbeit des Herkules thematisiert werden, sind auch Gegenstände einer Schlüsselszene des katalanischen Versmythos *L'Atlàntida* von Jacint Verdaguer, einem Freund Gaudís. *L'Atlàntida* ist von einer kraftvollen Symbolik durchdrungen, die den religiösen, historischen und mythischen Ursprung des Katalanentums rühmt.

Die Pavillons könnten geradezu als geheime Führer zur katalanischen Bewegung gedeutet werden. So verkehren Gott und Ungeheuer an der bescheidenen Straßenecke einer Vorstadt des modernen Barcelona miteinander. Dies ist der Grund, weshalb die Leute immer noch stehen bleiben und die wunderlichen und faszinierenden Gebäude regelrecht anstarren.

PAVILLONS DER FINCA GÜELL, PEDRALBES

DAS DACH DER REITHALLE

Courtesy AISA

WENN man es ganz einfach ausdrücken möchte, erscheinen in den Pavillons drei Hauptthemen Gaudís: Gott, Ungeheuer und Schutt. Denn Gaudí errichtete die Pavillons auf einem Fundament aus Schutt, der nicht nur äußerst preiswert, sondern auch ein hervorragendes Isoliermaterial war.

Hier sehen wir erstmals einen Kunstgriff, den Gaudí in seinem gesamten Werk verwenden sollte: das Verbergen von ganz einfachen Materialien in der Hülle von etwas Feinerem, wie er es auch bei den verkleideten Ziegelsteinen praktizierte. Über den „kosmetischen" Effekt hinaus, den Gaudí als einen integralen Bestandteil seiner Architektur ansah, wurde das Verfahren, ein einfaches Material als etwa Großartiges auszugeben, mehr und mehr zur persönlichen Eigenart des Architekten.

Die Pavillons der Finca geben den ersten Hinweis auf Gaudís alchemistische Umwandlung von einem gewöhnlichen Material in etwas Kostbares. Die Verwendung von Schutt betraf auch einige spätere Gebäude und erreichte ihren Höhepunkt im *Park Güell.* Gott hat, wie in vielen anderen Gebäuden Gaudís, im symbolischen Spiel der Pavillons nur eine Statistenrolle, doch sollten wir innehalten, um den hier dargebotenen reichen Symbolismus zur Kenntnis zu nehmen.

Aufwändig dekoriert bietet sich die Kuppel der Reithalle den Blicken des Besuchers dar. Das Türmchen in seinem maurisch beeinflussten Stil verbindet Funktion und Dekoration auch hier, wie so oft im Werk, auf eindrucksvolle Weise: Die durchgehende Fensterreihe dient der Beleuchtung der darunter liegenden Halle.

PAVILLONS DER FINCA GÜELL, PEDRALBES

DIE DÄCHER DER PAVILLONS

Courtesy Oronoz

GAUDÍ hatte bereits in *El Capricho* begonnen, das Minarett als Baubestandteil abzuwandeln und vegetabile Formen zu verwenden. In den Pavillons der *Finca Güell* erscheinen zusätzliche Neuerungen. Die Dächer beider Torhäuser, die Lichtöffnungen und Belüftungsschächte aufnahmen, sind eindeutige Vorläufer der Torhäuser des *Park Güell*, und ihre bewusste Asymmetrie weist schon voraus auf die Transformationen späterer Dächer. Bei seinen nachfolgenden Gebäuden mit ihrer komplexen Symbolik von Form und Farbe sollten die fast menschenähnlichen Köpfe und Helme deutlicher in Erscheinung treten. Zudem kündigt die Verwendung von Mustern die Desintegration der Form an, die aus seinen späteren Arbeiten nicht wegzudenken ist.

In den Anklängen an die Ornamentik des Mudéjarstils auf den Mauern und in den gefliesten Flächen vollzog sich eine gewisse Wandlung, nicht zuletzt in den reichen Details des Außenbaus wie zum Beispiel den Zwischenräumen der Ziegel mit ihren winzigen Fliesenmustern. Die Kronen auf den beiden Minaretten entfernen sich in ihrer Struktur und in ihrem Schmuck bereits von der konventionellen Form. Die mit Fliesen und Ziegeln besetzten Ausstülpungen erinnern an Hörner, und die Fliesenverkleidung bewegt sich von den rhythmischen Mustern der maurischen Ornamentik auf die zersplitterten Muster der späteren, als *trencadís* (nach dem katalanischen Verb „trencar“ = brechen) bezeichneten Mosaikentwürfe zu. Ein auf dem Dach des Pförtnerhauses in einem Türmchen endender Ventilationsschacht ist das augenfälligste Beispiel für diese Entwicklung.

PAVILLONS DER FINCA GÜELL, PEDRALBES

DER INNENRAUM DER STALLUNGEN

Courtesy Oronoz

WÄHREND die Außenwände der Pavillons Themen früherer Arbeiten wieder durchspielen – üppige, rhythmische, geometrische Muster, lebendige Blumenmotive und fast lächerlich erscheinende mittelalterliche Zinnen –, sind die beiden interessantesten Komponenten der Innenräume Licht und Wasser. Oder vielleicht auch Wind und Sand …

Gaudí war ein patriotischer Separatist, selbst wenn es um das Sonnenlicht ging, das er allerdings gönnerhaft auch als Teil der Mittelmeerküste außerhalb von Katalonien anerkannte. Die Kunst Nordeuropas verurteilte er als seelenlos und klinisch, und bekanntlich sagte er einmal: „Die Sonne ist der große Maler der Mittelmeerländer." Wie Caravaggio bevorzugte er das Licht des späteren Nachmittags, insbesondere wenn es in einem Winkel von 45 Grad einfiel: „Dieses Licht definiert die Körper am besten und enthüllt ihre Gestalt."

Folglich konstruierte er auch die Stallungen und die Reithalle so, dass sie das Licht optimal ausnutzen, den Raum jedoch gegen Blendung schützen. Fenster, Gitter und die offenen Kuppeln hüllen beide Räume in ein gleichmäßiges Licht. In der Reithalle verwandte er viel Sorgfalt auf die Decke. Hier inszenierte Gaudí auf der Deckenfläche ein *terremoto*, ein Erdbeben, was er später auch in anderen Gebäuden, insbesondere in der *Casa Milà*, tat. Er verlegte halbe Rohre und verputzte ihre Unterseite, sodass sie wie Wellen wirkten. In der *Casa Milà* und weiteren Gebäuden lassen sich diese Gebilde als umgekehrt aufgehängte Dünen oder Spitzen geschlagener Sahne bezeichnen.

PALAU GÜELL, CARRER NOU DE LA RAMBLA *1886–1889*

Courtesy AISA

DIE Errichtung von Gaudís Stadthaus für Eusebi Güell fiel zeitlich mit einer der größten Feiern der katalanischen Kultur zusammen, der 1888 in Barcelona ausgerichteten Weltausstellung. Gaudís Sekretär Joan Bergós beschrieb das Haus als den „herrschaftlichen Kulminationspunkt" von Gaudís maurischer sowie seiner Mudéjarphase. Güell war dank seiner Freundschaft mit König Alfonso XII., selbst ein Befürworter der katalanischen Renaissance, erst kurz zuvor in den Adelsstand erhoben worden. Seinem Stand als Aristokraten angemessen, sollte das Gebäude ein opulentes Stadthaus sein, das den Reichtum und die Position Güells widerspiegelte – zumindest insoweit Gaudí dies auf einem Grundstück von nur 18 mal 22 Metern in die Tat umsetzen konnte.

Die Lage des Hauses an sich ist schon sonderbar. Der Carrer Nou de la Rambla liegt in einem Bezirk nahe der Ramblas, in dem sich bis vor einem Jahrzehnt das Rotlichtviertel Barcelonas befand und der schon zur Bauzeit trotz seiner Nähe zu den Ramblas eine zweifelhafte Reputation hatte. Die Wahl des Grundstücks war vermutlich durch seine Nähe zu einem anderen Besitz der Familie Güell direkt an den Ramblas motiviert. Tatsächlich war der Palast mit dem anderen Grundstück der Familie durch einen Tunnel verbunden, was ein gewisses, auch im Gebäude selbst zum Ausdruck kommendes Sicherheitsbedürfnis verrät. (Eine nicht belegte Anekdote berichtet, dass Gaudí vorschlug, am Eingang einen Graben anzulegen, doch erkannte, dass dies, nicht zuletzt aufgrund des hohen Grundwasserspiegels, unmöglich war.)

Palau Güell, Carrer Nou de la Rambla

Der Eingang

Courtesy AISA

DIE Fassade des *Palau Güell* ist zurückhaltender gestaltet als die von Gaudís zuvor erbauten Privathäusern, doch die Innenausstattung gleicht dieses in ihrer häufig verwirrenden Extravaganz aus. Neben den fast organischen Formen der beiden Parabelbögen fällt die reiche Metallschmiedearbeit auf, in deren Mitte die vermutlich erste und mit Sicherheit bemerkenswerteste katalanische Flagge in Gaudís Werk erscheint. Diese Flagge hatte eine nahezu übermächtige Symbolkraft für die katalanische Bewegung. Robert Hughes erläutert, dass deren einfache, doch aussagekräftige Gestaltung – vier rote Schräglinien auf einem gelben Untergrund – ursprünglich das Wappen des kriegerischen Grafen Guifré el Pélos – auf Deutsch Wilfried der Haarige – war, der im 9. Jahrhundert lebte. Wilfried hatte Barcelona im Mittelalter zur Hauptstadt eines vereinten Katalonien gemacht.

Das Erscheinungsbild des Wappens rührt von einem Vorfall her, der sich während einer Belagerung Barcelonas ereignet hatte, bei der Wilfried schwer verwundet worden war und stark blutete. König Ludwig der Fromme, für den Wilfried kämpfte, bemerkte, dass dessen Schild undekoriert und lediglich mit Blattgold überzogen war. Da er Wilfrieds Tapferkeit preisen wollte, tauchte er seine Finger in Wilfrieds Blut, zog sie über den Schild und schuf so ein Sinnbild für Wilfrieds Heldenmut. Weiterhin macht Hughes darauf aufmerksam, dass beide Männer nicht einmal Zeitgenossen waren und die Anekdote folglich vollkommen fiktiv ist. Dies hinderte jedoch Generationen von katalanischen Lobrednern und Dichtern nicht daran, das Blut des Guifré el Pélos als Symbol des katalanischen Gründungsmythos zu beschwören.

PALAU GÜELL, CARRER NOU DE LA RAMBLA

DIE ZENTRALE HALLE

Courtesy AISA

DIE Anzahl der Säulen im Hausinneren – es sind fast 130 – sollte dem *Palau Güell* und insbesondere der zentralen Halle mit ihrer Schwindel erregenden Kuppel offenbar eine kirchenartige Atmosphäre verleihen. Die Halle diente dem gesellschaftlichen Leben und ist entsprechend prunkvoll ausgestattet. Der Stadtpalast Eusebi Güells nämlich hatte sich innerhalb kurzer Zeit zu einem gesellschaftlichen, politischen und kulturellen Mittelpunkt Barcelonas entwickelt und war bekannt für seine Lesungen, Konzerte und Feste, die in der Halle stattfanden. Auch Gottesdienste wurden dort abgehalten. Bei diesen Anlässen konnten zwei breite Türen zu einer aufklappbaren Kapelle geöffnet werden, die zwar kleiner als ein Vorzimmer war, aber doch beträchtlich größer als ein Schrank und verziert wie ein reich geschmückter Altar. An der Seite diente eine harmoniumartige Orgel der musikalischen Untermalung.

Geschickt verstand es der Architekt, die eigentlich bescheidenen Maße des Salons von nur neun Quadratmetern durch die gigantische Höhe wettzumachen und dem Besucher zu suggerieren, er befände sich in einem Raum von bedeutend größeren Abmessungen. Urprünglich war die Halle nur über die Höhe eines Stockwerks geplant gewesen, doch nach den Überarbeitungen der Pläne hatte sie sich um zwei weitere Stockwerke erhöht und erhebt sich nun bis zum Niveau des Daches, wo das Licht durch die Kuppel in diese private „Kathedrale“ eindringt.

Palau Güell, Carrer Nou de la Rambla

Innenansicht der Kuppel

Courtesy AISA

ES ist eine Geschichte über den Privatsekretär von Eusebi Güell überliefert, der sich bei seinem Arbeitgeber darüber beschwerte, dass Señor Gaudí beim Bau des Palastes das Geld so schnell ausgebe, wie Güell es verdiene. Angeblich warf Güell einen Blick auf die von seinem Sekretär vorgelegten Rechnungen und schnaubte verächtlich: „Ist das alles, was er ausgibt?" Die Reaktion von Güells Privatsekrektär auf die vollendete Kuppel ist der Nachwelt leider nicht bekannt.

Keine Investition war dem Conde zu groß für seinen neuen Palast. Einzigartig ist, dass Gaudí seinem eigenen Prinzip, preiswertes, am Bauplatz vorhandenes Material zu verwenden, in diesem Falle nicht treu war und überall polierten Marmor aus Garraf verwendete. Der Werkstoff vestärkt einerseits die dem Gebäude eigene religiöse Atmosphäre, doch wirkt er heute fast erdrückend: Hier zu wohnen, hieße, in einem übermäßig dekorierten Museumsraum zu leben.

Als buchstäbliche „Bekrönung" seines großartigsten Bauwerkes wählte Gaudí, nachdem er den Entwurf vielfach abgeändert hatte, ein klassisches Element der maurischen Baukunst: die mit Lichtöffnungen durchbrochene Kuppel. Diese zentrale Halle liegt direkt neben dem Musikzimmer, und sie enthält eine dem gemeinsamen Gebet dienende, eigentümliche kleine Kapelle, die sich zur Halle hin öffnet. Man könnte behaupten, dass die quasireligiöse Kuppel der Halle die scheinheilige Frömmigkeit von Gaudís Auftraggeber parodieren sollte und der Architekt darauf anspielte, dass dieser, wenn schon nicht Gott selbst, so doch gottgleich aufgrund seines Reichtums war.

PALAU GÜELL, CARRER NOU DE LA RAMBLA

EIN SALON

Courtesy AISA

ALLE weiteren Räume des Palastes sind um die Halle herum gruppiert und von dort über einen Korridor zu erreichen. Ihre Ausstattung erreicht zwar nicht die Pracht des zentralen Salons, doch sind auch sie keineswegs stiefmütterlich behandelt: Vor allem auf die mit üppigem Dekor versehenen, holzgetäfelten Decken verwendete der Künstler große Sorgfalt. In diesem Salon bilden drei große, auf grauen Steinsäulen ruhende Parabelbögen ein wichtiges gestalterisches Element, das seine Entsprechung in den Fassaden findet. Die Säulen im Innenraum dienen dazu, das von außen einfallende gleißende Licht zu dämpfen und allzu neugierige Blicke von außen abzuwehren.

Als Güell und Gaudí schon verstorben waren, musste der Palast das wohl bedauernswerteste Schicksal aller Gebäude des Architekten erleiden. Aufgrund seiner Lage in unmittelbarer Nähe der Ramblas bot er ein natürliches Angriffsziel, als die zahlreichen Fraktionen des spanischen Bürgerkrieges und das Militär in den und um die Ramblas in einen Häuserkampf verwickelt waren, während die Famile Güell längst einen sichereren Wohnort aufgesucht hatte. Der Palast wurde von einer Gruppe von Anarchisten eingenommen, die ihn während der Kämpfe als ihre Basis nutzte. Zu den Schäden an der Architektur dieses Symbols für Barcelonas reiche Elite zählte die Zerstörung einer großen Altarstatue. Das Gebäude wurde inzwischen restauriert, doch konnte die Statue nicht wieder gefunden werden.

PALAU GÜELL, CARRER NOU DE LA RAMBLA

DIE KELLERGEWÖLBE

Courtesy AISA

ALS Gaudí das Lustschloss des Conde Güell in den oberen Stockwerken entwarf, plante er auch unterhalb der Erdoberfläche etwas Monumentales. Der Gedanke an einen Graben war zwar aufgegeben worden, doch war der Eingangsbereich groß genug, um Pferden und Kutschen die Fahrt in einen kleinen Hof zu erlauben. Sie gelangten über eine steile spiralförmige Rampe aus Kopfsteinpflaster in den Keller, wo sich ein Stall mit einem Schlafbereich für die Dienerschaft befand, die ihre eigene Kopfsteinpflaster-Spirale in diesen Bereich besaß. (Es ehrt Gaudí, dass er hier große Mühe auf die Ventilation und die Kanalisation verwandte.) Diese Aufteilung – die es den Fahrzeugen gestattete, in das Haus zu gelangen, wonach die Hausbewohner und Besucher in die Wohnräume hinauf- und ihre Kutscher und Bediensteten in den Keller hinabstiegen – wiederholt sich in konventionellerer Weise in der *Casa Milà*.

Als Stützen der Architektur in den Obergeschossen setzte Gaudí dicke Pilzsäulen in den Keller, ein etwas abstruses gedankliches Spiel mit dem Hobby des Conde, der Mykologie (abstrus nicht zuletzt, weil Hausbewohner und Besucher den Kellerbereich niemals sahen). Diese gigantischen „Füße" des Gebäudes weisen auch auf Baumformen und die noch waghalsigeren Stützen hin, die Gaudí in der *Colònia Güell* südlich von Barcelona in den Raum stellen sollte. Sie sind durch ein anderes für Antoni Gaudís Werk typisches architektonisches Motiv verbunden, den Kettenbogen, und vermitteln den Eindruck eines Waldes, der aus Riesenpilzen oder Steinbäumen besteht und dessen Blüten auf dem Dach aufbrechen.

PALAU GÜELL, CARRER NOU DE LA RAMBLA

DAS WOHN- UND ESSZIMMER

Courtesy Oronoz

GAUDÍS maurische oder Mudéjarphase erreicht in der Decke des Wohn- und Essraums des *Palau Güell* ihren herrschaftlichen Höhepunkt. Hier finden sich einige Hauptthemen Gaudís in einer die Sinne vielleicht am meisten ansprechenden Form. Die der Rahmung der Fenster auf den Carrer Nou de la Rambla dienenden Parabelbögen sind an dieser Stelle rein dekorative Elemente ohne konstruktive Funktion. Doch schirmen sie das sich im Hausinneren abspielende Leben vor den neugierigen Augen der Außenwelt ab.

Die Konsolendecke mit ihren kunstvollen maurischen Details scheint den Prunk eines Kalifenpalastes heraufbeschwören zu wollen – ein geeignetes dekoratives Attribut für den soeben in den Adelsstand erhobenen Conde Güell. Weiter rechts, ebenfalls von aufwändig verzierten Konsolen gestützt, sehen wir eines der sonderbarsten Elemente von Gaudís Architektenlaufbahn, in der es vor Eigentümlichkeiten nur so wimmelte: einen von der Decke herabhängenden, umgekehrten Kreuzgang, der eine Holzverkleidung mit maurischem Dekor erhalten hat.

Die mit Diagonalmustern versehenen Schirme gestatteten es den Mitgliedern des Haushaltes, ihre Besucher zu belauschen oder sie sogar auszuspionieren. Höchstwahrscheinlich handelte es sich bei diesem Element um eine stilistische Spielerei Gaudís, aber es scheint die Theorie zu stützen, dass ein Sicherheitssystem das gesamte Gebäude durchzog.

Palau Güell, Carrer Nou de la Rambla

Die Schornsteine

Courtesy AISA

DER heutige Betrachter könnte den Verdacht äußern, dass es Pablo Picasso (1881–1973) und Joan Miró (1893–1983) waren, die sich auf dem Dach des *Palau Güell* „austobten". Vegetabile Formen waren zwar schon zuvor auf den Gebäuden Gaudís aufgetreten, und die Fliesen hatten ebenfalls ihre Entwicklung zu den abstrakten *trencadís* des *Park Güell* schon begonnen, doch gab es in Gaudís vorangegangenen Werken keinerlei Vorankündigung für das, was die Schornsteine und Lüftungsschächte auf dem Dach des Palau enthüllen sollten.

Nicht alle Fialen – wie die blauweißen, Dodekaedern ähnlichen Anhäufungen – wurden von Gaudí entworfen. Doch erscheinen einige von ihnen, vor allem der grüne Baum oder die zentrale Bienenwabe, auch in den oberen Bereichen der *Sagrada Família*. Seltsamerweise ähneln auch die Schornsteine und Entlüftungsschächte auf dem Palastdach nicht länger den *espantabrujeras*, die zuerst auf dem Dach von *El Capricho* auftraten. Sie sehen eigentlich eher wie mutierte Tischlampen aus. (Bewunderer von Miró werden Ähnlichkeiten zu dessen Werk in den Punkten und Wellenlinien der Fialen links von dem genannten Baum sehen.)

Es ist durchaus möglich, dass diese Dachlandschaft eine stilisierte Huldigung an die außerordentlich populäre Jocs-Florals-Bewegung der katalanischen Renaissance war. Bei den Jocs Florals wurde die kulturelle Tradition Kataloniens durch einen mit einem Lyrikfestival vereinten Straßenkarneval gefeiert, bei dem die Teilnehmer bunt geschmückte Banner trugen. Gaudí entwarf ein solches Banner für die Jocs Florals, und Güell war an der Organisation des Ereignisses beteiligt.

BISCHOFSPALAST VON ASTORGA *1887–1893*

Courtesy Oronoz

DER Bischofspalast von Astorga in der Provinz León hat einen zweifelhaften Ruhm als das einzige Gebäude Gaudís erlangt, das einstürzte. Dies geschah, weil ein anderer Architekt Gaudís Entwürfe nicht fachgerecht umsetzte.

Zunächst sollte das Projekt für den Bischofspalast unsere Aufmerksamkeit aber auf Gaudís Verhältnis zu dem Mann lenken, der ihn mit den Entwürfen beauftragte: Juan Bautista Grau i Vallespinós, Bischof von Astorga. Der ebenfalls aus Reus stammende Grau bat Gaudí, einen neuen „Palast" für das Bistum zu planen, nachdem das Vorgängergebäude bei einem Brand zerstört worden war. Während der sechs Jahre, die Gaudí zur Ausarbeitung der Entwürfe benötigte, entstand eine enge Freundschaft zwischen ihm und dem Bischof. Gaudí hielt es dem Kirchenmann zugute, dass dieser ihn zu den täglichen religiösen Studien anleitete, denen er bis zu seinem Lebensende nachgehen sollte.

Leider war der Bischofspalast von Astorga eines der unglücklichsten Projekte in Gaudís Laufbahn. Sein Status als öffentliches und religiöses Denkmal, als prestigeträchtiges Haus einer machtvollen Persönlichkeit des religiösen Lebens bedingte es, dass mehrere Komitees die Pläne einer eingehenden Untersuchung unterzogen. Regionale und ästhetische Fraktionen urteilten das Projekt scharf ab, wenn es auch Hinweise darauf gibt, dass Gaudís eigene Überheblichkeit die lokale Antipathie verursacht haben mag. Das bedauerliche Schicksal des Gebäudes war besiegelt, als Grau vor seiner Vollendung starb und es der Barmherzigkeit der Kirchenfunktionäre überließ. Gaudí und seine Mitarbeiter wurden entlassen, und ein anderer Architekt vollendete das Werk.

Bischofspalast von Astorga

Die Fassade

Courtesy Oronoz

IN dem Bischofspalast hat sich Gaudí den Stil der nordeuropäischen Gotik ganz zu eigen gemacht, wandelt ihn jedoch auch ab, um die beabsichtigten Effekte zu erzielen. Das bogenförmige Vordach des Eingangs zitiert die Schornsteine von *El Capricho* und weist voraus auf die Wächter des Daches der *Casa Milà*. Der Gesamteindruck des Palastes ist jedoch der einer mittelalterlichen Befestigung – spitze Türme, Türmchen und Zinnen.

Hier zeigt sich ein Thema, das Gaudís Werk in unterschwelliger Weise durchzieht: das Zitat; wobei ein Werk ein früheres zitiert und der entliehene, älteste Bezugspunkt dem aktuellen Werk einen ironischen Aspekt verleiht. Bei dem Bischofspalast handelt es sich, um mit den Worten des Wissenschaftlers Ignasi de Solà-Morales zu sprechen, um ein „Neo-Mittelaltertum", und hierbei geht es keineswegs darum, die Vergangenheit zu wiederholen und mittelalterliche Gedanken zu reproduzieren, sondern um ihre Anpassung an moderne Bedürfnisse. Es besteht jedoch kein Zweifel, dass diese auch als „Neogotik" bezeichnete Stilrichtung, die einer deutlichen Abkehr von Gaudís bisherigen Profangebäuden gleichkam, eng mit seiner Auffassung von der katalanischen Geschichte und ihrer Bedeutung für die katalanische Kultur seiner Zeit verbunden war. Gesagt werden muss auch, dass, wie Solà-Morales betont, diese Bezüge auf zurückliegende Stilepochen häufig recht trügerisch waren und kaum eine Beziehung zu der zitierten Quelle aufwiesen. Häufig waren sie ideologisch bedingt, und dies wird in Gaudís späteren Werken mehr als deutlich.

BISCHOFSPALAST VON ASTORGA

DER EINGANGSBEREICH

Courtesy Oronoz

GAUDÍS „Neo-Gotizismus" wird am Eingang des Bischofspalastes sofort sichtbar. Wo eine einfache Tür als Zugang zur Privatresidenz eines Regionalbischofs ausreichend gewesen wäre, verwendete Gaudí eine ganze Palette mythologischer Motive aus dem katalanischen Mittelalter. Der Portikus zitiert nicht nur die *espantabrujeras* von *El Capricho* und weist auf die behelmten Wächter der *Casa Milà* voraus, er zitiert auch Gaudís eigenen Parabelbogen. Hier erscheint er in der Form eines komplizierten, dreidimensionalen Querschnitts, der schräg aus einer zylindrischen Grundfigur ausgeschnitten ist, sodass sich der spitze Außenbogen ergibt. Die Parabel vertieft sich zu einem weiteren, inneren Bogen, erst dann gibt diese künstliche Figur einen konventionellen Türbogen frei. Der neogotische Stil setzt sich oberhalb des Eingangs fort, nicht zuletzt in den Dreipassformen am Ende der hohen schlanken Fenster (diese sind selbst in Dreiergruppen angeordnet – möglicherweise als Hinweis auf das Vorhandensein einer religiösen Symbolik auf der Fassade und vielleicht auf die Dreieinigkeit). Die geneigten Stützsäulen des Gebäudes zitieren zudem mittelalterliche Strebepfeiler.

Wir könnten uns auch Gedanken über die Funktion des zeremoniellen Balkons oberhalb des Eingangs machen, ein bedeutsamer Bestandteil bei einem Gebäude wie diesem. Angesichts seiner Lage und der Bauaufgabe könnte man vermuten, dass er für Ansprachen oder die Musterung von Truppen dienen sollte – dies wäre jedoch lediglich eine gelehrte Verzierung der Privatresidenz eines Bischofs, die sich ja auf einem abgeschlossenen Grundstück befindet.

BISCHOFSPALAST VON ASTORGA

DIE INNENRÄUME

Courtesy Oronoz

GAUDÍ wählte weißen Granit, um die Nüchternheit des Palastes zu betonen, und plante – bevor das Projekt in Streitigkeiten unterging –, die Farbe Weiß auch auf dem Dach einzusetzen. Der Palast wird manchmal als dasjenige Gebäude beschrieben, das Gaudís „gotischen" Stil charakterisiert, manchmal sogar als das möglicherweise wichtigste Beispiel dieses Stils in Spanien. Doch enthält auch dieses Bauwerk noch Anklänge an den Mudéjarstil, der die früheren Werke Gaudís bestimmte.

Der Außenbau ist als abweisend beschrieben worden, doch im Inneren durchfließen Wellen geometrischer Muster, elegante Bögen und Blumenmotive die Räume des Bischofspalastes. (Tatsächlich wurde das Gebäude als Folge der verheerenden Änderungen von Gaudís Originalplänen erst in den 1960er-Jahren ganz fertig gestellt und eingeweiht.) Die Dekoration erlangt in der Kapelle und im Thronsaal einen Höhepunkt. Der erste dieser Räume ist von nahezu wildem Ornament, eine Orgie aus Gold und Grün, mit umrahmten Fenstern und religiösen Texten.

Die beabsichtigte Strenge des Außenbaus steht in großem Kontrast zu Gaudís Frühwerk und legt den Gedanken nahe, dass Gaudí hier eine ganz bestimmte Aussage intendierte. Möglicherweise fühlte er die Notwendigkeit, seinem Werk einen gewissen Ernst zu verleihen, oder er hatte Ehrfurcht vor einem so wichtigen Auftraggeber und einem Gott wirklich nahe stehenden Mann. Möglicherweise handelt es sich hier auch um einen genuinen Versuch Gaudís, die Kathedralen des Mittelalters in ihrer Eindrücklichkeit und Imposanz wieder erstehen zu lassen – um beide Merkmale bemühte er sich während seiner gesamten Laufbahn.

COLEGIO DE SANTA TERESA DE JESÚS

DER EINGANG

Courtesy AISA

SCHON zur Erbauungszeit war das *Colegio de Santa Teresa* in seiner fast ländlichen Lage – unweit der Pavillons der *Finca Güell* – das erste Gebäude Gaudís, das nicht öffentlich zugänglich war. Es gibt keinen Besuchereingang zu der abgeschlossenen Ordensschule und den Amtsräumen, und heute verdecken hohe Bäume fast das gesamte Gebäude. Dem auf merkwürdige Weise spektakulären Eingangsportal haftet etwas Märchenhaftes an. Mit seinem halb verborgenen Bogen und den mit Spitzen versehenen, fremdländisch geformten Torflügeln aus Metall hat es Anklänge an eine Höhle. Es scheint, als ob Gaudí die Hingabe derjenigen, die es wagen, über diese Schwelle zu treten, auf die Probe stellen wollte: Die Eintretenden müssen von ihrer Sicherheit in den Armen des Herrn überzeugt sein.

Das Gebäude unterlag durch das limitierte Budget und die asketische Denkweise des teresianischen Ordens zwar gewissen Beschränkungen, doch handelt es sich tatsächlich um eine der unverfälschtesten Arbeiten Gaudís. Der Mangel an Geld nämlich bedingte es, dass Gaudí sich darauf konzentrierte, ein großes Gebäude aus einfachem rotem Ziegel zu entwerfen.

Es überrascht nicht, dass auch bei diesem Projekt Anfangsschwierigkeiten auftraten. Es gab Beschwerden über die als übertrieben empfundenen Entwürfe Gaudís, und zudem zerstritt sich der Orden mit dem Architekten, da dieser es ablehnte, eine private Kapelle in das Gebäude zu integrieren, welche die Öffentlichkeit ausschloss. Möglicherweise spiegelt sich in dem abweisenden Tor und dem Fehlen schmückender Farbe sein Ärger über die Anweisungen des Ordens.

COLEGIO DE SANTA TERESA DE JESÚS

DAS EINGANGSTOR

Courtesy Oronoz

DAS schmiedeeiserne Tor im Eingangsbereich des *Colegio* ist eine weitere Kuriosität in Gaudís Werk. Ausgefallen sind sowohl seine Form als auch seine scheinbar wehrhafte Funktion, nicht zuletzt aufgrund seiner Platzierung am Ende eines großen Rasenplatzes, der von hohen, kaum überwindbaren Mauern umgeben ist, und weil die an ein Armutsgelübde gebundenen Schwestern sowieso kaum Wertvolles besessen haben dürften, das sich zu stehlen lohnte.

Zu erklären ist die Gestalt des Tors durch die Absicht des Architekten, den gotischen Stil zum Äußersten zu treiben. Interessant ist es auch hinsichtlich seiner bedeutungsmäßigen und formalen Ähnlichkeit mit dem fast zur selben Zeit entstandenen Metallungeheuer vom Eingang der Pavillons der *Finca Güell*. Verglichen mit der „wilderen" Fantasie am Pavillon ist dieses Tor bemerkenswert „zahm". Dennoch scheint es, als ob sich seine Bestandteile – die mehrdeutigen Pflanzen- oder Palmwedel, die Anspielungen auf Klauen, die peitschenartigen Windungen und die gut sichtbaren Stacheln –, falls erforderlich, zu weitaus Abscheulicherem und Gefährlicherem zusammenfinden könnten. Die Schnörkel im Stil des Art nouveau sind eher harmlos, doch die stacheligen Sonnenräder scheinen durch ihr Aussehen und ihre Position auch zur Verteidigung eingesetzt zu sein. Das Tor wird von einem großen romanischen Kreuz dominiert, das ebenfalls mit Stacheln besetzt ist. Die deutliche Botschaft des Tores – bleibe draußen oder sei dir sehr sicher, warum du hineingehst – wird in einiger Entfernung von den imposanten Grenzmauern aufgenommen. Vielleicht sollte dadurch auch die Abgeschiedenheit des teresianischen Ordens bekräftigt werden.

COLEGIO DE SANTA TERESA DE JESÚS

DIE EINGANGSHALLE

Courtesy AISA

WIE in einem Musikstück werden am Eingang zum *Colegio* verschiedene Themen vorgestellt und später in einer fast hypnotisierenden Wiederholung wieder aufgenommen. Die Eingangshalle ist durch einzeln stehende Parabelbögen am Ende des lang gestreckten Raums geprägt, der von Mauern eingefasst ist. Als ob es darum ginge, einen Ausgleich zum dunklen und abweisenden Eingangstor zu schaffen, wurde in der Eingangshalle und im übrigen Gebäude besondere Aufmerksamkeit auf die Lichtverhältnisse verwendet. Deshalb setzte Gaudí oberhalb des Bogens ein großes Fenster ein und verzichtete auf weitere Bögen, die den Raum hätten verdunkeln können. Ebenfalls aus diesem Grund sind die Decken außergewöhnlich hoch: In jedem Stockwerk erstrecken sich die Räume über eine Höhe, die üblicherweise fast zwei Stockwerken entspricht. Doch offensichtlich kommt auch hier eine kirchliche Symbolik ins Spiel: Diese Räume ähneln Kirchenschiffen.

Am seltsamsten aber sind die skelettartigen Lampen, Abwandlungen der einfachen geometrischen Metallkonstruktionen, die noch heute in Spanien verbreitet sind. Diese verbogenen, asymmetrischen Gebilde aus Metall und Ketten sind Vorläufer der auseinander fallenden natürlichen Formen, die in den Stein- und Metallarbeiten einiger der wichtigsten Gebäude Gaudís später auftraten. Sie erinnern daran, dass uns Gott zwar das Licht gab, der Mensch sein Werk aber bestenfalls zu imitieren in der Lage ist und damit etwas Künstliches schafft, das nicht die Wärme oder die zum Leben erweckende Kraft des göttlichen Lichtes besitzt. Wie Gaudís Laternenpfähle sind diese Lampen ein schmückendes, aber unnatürliches Element.

COLEGIO DE SANTA TERESA DE JESÚS

DER KORRIDOR IM ERSTEN OBERGESCHOSS

Courtesy Oronoz

IM ersten Stockwerk des *Colegio* verwendete Gaudí Parabelbögen in einer Häufigkeit, die einen geradezu halluzinatorischen Effekt erzielte – was von der auftraggebenden religiösen Institution sicherlich nicht intendiert war. Hier sind die Bögen geglättet und mit weißer Farbe getüncht, und die Lichtquellen schaffen in den Schatten zwischen den Bögen feine Nuancen.

Aus heutiger Sicht erinnert die Flucht der Bögen dieses Stockwerks an die Mikroskopaufnahmen innerer menschlicher Organe – ein Effekt, den Gaudí nicht beabsichtigt haben kann, denn die Naturwissenschaften waren zu seiner Zeit noch nicht in der Lage, derartige Bilder zu produzieren. Auch das *New England Journal of Medicine* erwähnt interessanterweise in seiner Ausgabe vom 13. April 1988 eine ähnliche Auffassung: Zwei Darmspezialisten hatten das Dachgeschoss von Gaudís *Casa Milà* besichtigt, dessen Bögen denen des *Colegios* ähneln, und waren von der Übereinstimmung mit einer Fotografie verblüfft, die einen bei einer Darmspiegelung entstandenen Querschnitt zeigt. Diesen veröffentlichten sie neben einem Foto von den Bögen Gaudís. Möglicherweise war die Fotografie der Chirurgen die Inspiration für diesen Vergleich, der sicherlich nicht durch Gaudís frühere Arbeiten veranlasst wurde. Nur kurze Zeit später allerdings nahmen seine Gebäude ungewöhnliche anthropomorphe Formen an.

MISSION DER SPANISCHEN FRANZISKANER, TANGER (NICHT AUSGEFÜHRT) *1892/93*

Courtesy Institut Amatller d'Art Hispànic

TROTZ seiner ausgesprochen negativen Erfahrungen mit Sakralgebäuden in seiner Frühzeit begann Gaudí 1892, Pläne für die katholische Franziskaner-Mission in Tanger, der damaligen Hauptstadt Marokkos, zu entwerfen. Schon die Bezeichnung des Gebäudes legt nahe, dass beabsichtigt war, ein Bollwerk der Christenheit in der vorwiegend islamischen Gesellschaft zu errichten. Es ist aber offensichtlich, dass Gaudí sich aktiv darum bemühte, die landestypische Architektur in seine Pläne zu integrieren. Das Gebäude wird von zahlreichen kleineren Türmen und vermutlich neun Haupttürmen dominiert, in denen sich die Türme der *Sagrada Família* bereits deutlich ankündigen. Dies betrifft vor allem die gegenläufigen Spiralen links und rechts sowie in der Umfassungsmauer des Hintergrundes.

Da Gaudí vermutlich für die kulturellen Unterschiede zwischen Barcelona und Tanger empfänglich war, verzichtete er im Außenbau auf alle deutlichen Verweise auf das Christentum. Einige seiner architektonischen Hauptthemen – die neogotischen Fenster der Türme, der monumentale, über zwei Stockwerke reichende Parabelbogen des Eingangs und die Ecktürme – lassen sich schon in dieser vorbereitenden Zeichnung gut erkennen. Das Gebäude wurde allerdings niemals errichtet – der Grund hierfür ist nicht bekannt, aber es ist wahrscheinlich, dass sich auch an diesem Entwurf ein Konflikt mit dem Planungskomitee entzündete – es wäre der einzige Bau Gaudís außerhalb Spaniens gewesen.

CASA DE LOS BOTINES, LEÓN *1891/92*

Courtesy Oronoz

WÄHREND er an den Entwürfen für den Bischofspalast in Astorga arbeitete, erhielt Gaudí den Auftrag für sein möglicherweise weltlichstes Gebäude: ein Geschäftshaus mit Mietwohnungen für die Firma Fernández y Andrés. Deshalb erhielt die *Casa de los Botines* in der Stadt auch den Namen *Casa Fernández*. (Etwas verwirrend ist, dass die Bezeichnung *Casa de los Botines* auf den Nachnamen des Firmengründers, Joan Homs i Botinàs, zurückgeht.)

Gaudí scheint sich bei diesem Gebäude in einem fast neogotischen „Taumel" befunden zu haben. Obwohl die Architektur äußerst streng ist (nur die Gestaltung des Daches und der Spitzen der für Gaudí typischen Ecktürme tendiert schon zum Exzessiven), sehen die groben Steine der Fassade bei einer bestimmten Beleuchtung aus, als ob sie aus Zuckerwerk oder Kuchenteig bestünden. Der heutige Betrachter könnte sich an die Fantasiegebäude von Walt Disney mit ihren vielen Türmen erinnert fühlen.

Gaudí jedoch ging es um etwas anderes: Er wusste, dass im Winter viel Schnee in León fällt, was ihn die Gesimse des Daches und der spitzen Türme ganz bewusst überbetonen ließ. Dies führte dazu, dass das Gebäude bei den ersten Schneefällen im Winter nach seiner Vollendung Scharen von Schaulustigen anzog.

Die Innenräume wurden im Hinblick auf größtmögliche Funktionalität entworfen: Im Untergeschoss befinden sich Lagerräume, oberhalb liegen Büroräume, und in den Obergeschossen sind Wohnungen untergebracht. Das Dach enthält einige Überraschungen in den Gruppen von schwarzen Schornsteinen, die den Öffnungen von Orgelpfeifen ähneln, aber in ihrem militärischen Aussehen auch ein kaltes, futuristisches Moment haben. Und dann gibt es da noch die Figur oberhalb der Tür …

Casa de los Botines, León

Fassade mit Skulpturenschmuck

Courtesy Oronoz

WIE die *Casa Vicens* mit ihrem auf die Außenfassade platzierten Cherubim kann sich die *Casa de los Botines* einer Skulptur rühmen, die beweist, dass die Architektur gerne eine Zusammenarbeit mit den anderen Künsten eingeht. Später sollten Kollegen, Mitarbeiter, Assistenten und Arbeiter Gaudís derartige Entwürfe ausführen, doch hier arbeitete der Architekt mit dem Bildhauer Matamala zusammen, um einen unverkennbaren und der imposanten Fassade angemessenen Mittelpunkt zu schaffen.

Die Schreckensgestalt am Eingangstor zu den Pavillons der *Finca Güell* wurde hier zurückgeführt auf den angeketteten Drachen, der die Gärten der Hesperiden bewachte. Das Tier der *Casa de los Botines* – ein Krokodil oder Alligator – ist der mythische Drache, der vom heiligen Georg getötet wird. Der heilige Georg – in Katalonien unter dem Namen Jordi bekannt – trat im 16. Jahrhundert erstmals in den Heiligenlegenden auf, als eine anglophile Mode dazu führte, dass man sich in Katalonien, wo Georg zum Schutzheiligen wurde, auch andere Gestalten der britischen Geschichte und Legende zu Eigen machte. Jordi ließ sich auch gut für die katalanische Legendenbildung verwenden, die von literarischen Persönlichkeiten wie Jacint Verdaguer gefördert wurde. Später zeigte sich Jordi auch in der Fassade der Schule, die im Schatten der *Sagrada Família* errichtet wurde. Einer Aussage Gaudís entsprechend sollte er die Kinder Barcelonas eingehender über ihren Schutzheiligen informieren. Möglicherweise liegt der Tatsache, dass Gaudí den katalanischen Schutzheiligen nach León exportierte, eine verborgene Symbolik zugrunde, deren vollständige Bedeutung verloren gegangen ist.

BODEGAS GÜELL, GARRAF BEI SITGES *1895–1901*

Courtesy AISA

DIE *Bodegas Güell*, nahe am Strand der südlich von Barcelona gelegenen Küstenstadt Garraf, zählen zu den weniger bekannten Bauten Gaudís. Doch veranschaulichen sie einige für Gaudís Werk faszinierende Charakteristika, die zeigen, wie in seinem Leben gewisse Faktoren einander beeinflussten.

Zunächst: In den *Bodegas Güell* befanden sich nicht, wie der Name vermuten lässt, ausschließlich Weinkeller. Sie waren vielmehr ein soziales Zentrum, das aus Dank an die Arbeiter in den Steinbrüchen von Garraf errichtet wurde, die einen großen Anteil des für Gaudís Gebäude in Barcelona verwendeten Steins produzierten. In Garraf gab und gibt es noch immer mehrere Steinbrüche, einer davon gehörte Eusebi Güell. Gaudí stattete den Steinbrüchen regelmäßig Besuche ab, um die Qualität und die Farbe des dort abgebauten Steins zu kontrollieren.

Die *Bodegas Güell* bestehen aus einer großen Halle, die von ungewöhnlich großen Parabelbögen getragen wird, einem kleinen Balkon und Räumen, die für Treffen und soziale Anlässe gedacht waren und heute ein sehr beliebtes Restaurant beherbergen. Allerdings werden sie inzwischen von der Küstenstraße und einer Eisenbahnlinie eingezwängt, die erst nach Gaudís Tod entstanden und die optische Wirkung des Gebäudes beeinträchtigen. Doch verankert der mittelalterliche Wachturm das moderne Gebäude sicher in der Vergangenheit.

Die heutige Verwendung der Räume steht in auffallendem Kontrast zu dem religiös anmutenden Erscheinungsbild der Bögen und des auf der Abbildung gezeigten Pseudo-Altars. Durch das dämmrige Licht entspricht der Raum eher einer Kapelle, in der das Licht als Symbol Gottes angesehen werden kann.

BODEGAS GÜELL, GARRAF BEI SITGES

AUSSENANSICHT

Courtesy AISA

DIE *Bodegas Güell* sind zwar das am weitesten südlich gelegene Gebäude Gaudís, doch geht ihre einfache, fast einem Unterstand ähnelnde Form, das steile neogotische Dach und die Wahl des nur grob behauenen, am Ort abgebauten Granits auf Gaudís neogotische Paläste im Norden Spaniens zurück. Bei dem eindrucksvollen und stattlichen Gebäude könnte es sich ebenso gut auch um eine Kirche handeln, die von offenbar nicht besonders geschulten Handwerkern mit Wert auf die Funktionalität aus dem Granit geschlagen wurde.

Angesichts seiner Funktion als Treffpunkt ist der zur Seeseite gelegene exponierte Balkon ein launisches Detail, ähnlich wie die Minarette und Türme der früheren Gebäude Gaudís: Er hat eine so ungewöhnliche Form, dass nicht einmal ein halbes Dutzend Personen auf ihm Platz finden. Doch scheint es möglich, dass dieser Balkon das Gebäude, wenn auch nur in symbolischer Hinsicht, zum Meer und den Naturgewalten hin öffnen sollte.

Zwei Merkmale der Bodegas sind auf Fotografien nur selten zu sehen: die steinernen Schornsteinen und Lüftungsschächte, die bereits die Wandlungsfähigkeit dieser Elemente auf Gaudís Bauten in Barcelona besitzen. Sie spielen auf Kreuze und andere, geheimnisvollere Symbole an. Beim Eingangstor handelt es sich um eine „zahmere" Ausführung des berühmten Drachentors: An einem einzigen Torflügel hängt ein schweres Netz beweglicher Eisenketten an einem Rahmen, der an tierische Knochen erinnert.

Eine weitere, nur schwer zu erkennende Bedeutungskomponente kommt ins Spiel. Es wurde behauptet, dass die Klippen von Garraf und die aufgebrochenen Oberflächen der Steinbrüche Gaudí als Inspirationsquelle für die Fassade der *Casa Milà* dienten.

CASA CALVET, CARRER DE CASP

1898–1900

Courtesy AISA

DAS Haus, das Gaudí für die Familie Calvet in der Carrer de Casp im Zentrum von Barcelona erbaute, ist das zurückhaltendste in seinem gesamten Werk. Die Wohnung der Familie Calvet befand sich im ersten Stock, darüber Büroräume und einige kleinere Wohnungen und im Erdgeschoss Geschäftsräume. Zwar war es Gaudís konventionellstes Projekt, das durch die räumlichen Gegebenheiten und die Erfordernisse der Familie festgelegt war, doch weist es ebenfalls stilistische Innovationen sowie spielerische Elemente auf und zielt darauf, die konventionelle Verwendung von Formen zu unterminieren – von einem Unterminieren der Baugenehmigung ganz zu schweigen. Wie später bei der *Casa Milà* überschritt Gaudí mit diesem Gebäude ganz bewusst das von der Stadt vorgeschriebene Höhenlimit. Als sich die zuständigen Stellen beschwerten, drohte er, das Gebäude auf der offiziell erlaubten Höhe einfach abzuschneiden. Die Tatsache, dass das Gebäude mit einem städtischen Architekturpreis ausgezeichnet wurde, trug wahrscheinlich dazu bei, dass es so bleiben durfte, wie es ist.

Der in der Fassade vorwiegend zur Anwendung gebrachte Baustil ist eine eher verhaltene Interpretation des Barock, doch einige der Bestandteile, die in den späteren Wohnhäusern Gaudís geradezu Flügel erhalten sollten – die Balkons und die Dachsilhouette – werden stärker betont und beginnen sich zu runden. Der Außenbau ist zurückhaltend, um nicht ungebührlich aus der Umgebung der Nachbarhäuser hervorzustechen, die jeglicher Raffinesse entbehrten. Die Innenräume sind jedoch verschwenderisch ausgestattet und enthalten einige von Gaudís bedeutendsten Möbelentwürfen und ein Dekor, das auf die prunkvollen Innenräume der *Casa Milà* und der *Casa Batlló* vorausweist.

Casa Calvet, Carrer de Casp

Die Balkons der oberen Etagen

Courtesy AISA

WIE viele von Gaudís städtischen Gebäuden kann man die *Casa Calvet* kaum so wahrnehmen, wie es Gaudí beabsichtigt haben mag, ohne die gegenüberliegenden Häuser zu sprengen. Doch dient gerade die eingepferchte Lage des Gebäudes dazu, einige seiner Details besonders zu betonen.

Das auffallendste Bauelement der *Casa Calvet* sind ihre Balkons. Diese bestehen aus Metall und sind auf der Fassade aus roh behauenen Steinen symmetrisch verteilt, wobei die abgeflachten mit den dreipassförmigen Grundrissformen alternieren. Die Letzteren bewegen sich in ihrer Form bereits auf die beunruhigenden Tiergestalten der Balkons der *Casa Batlló* zu. Gaudí gestattete sich auch eine Dreiergruppe von Heiligen – die Schutzpatrone der Familie Calvet – am obersten Stockwerk und brachte zwei rein dekorative Miniaturbalkons zur Verdeckung der Winden an, die dazu dienten, Möbel in die Wohnungen der oberen Stockwerke zu hieven. Den sich schlängelnden Linien der Dachgiebel fügte Gaudí zwei Kreuze hinzu – doch scheint es sich hier eher um einen privaten Scherz zu handeln, da die Kreuze von unten kaum gesehen und erst recht nicht als solche erkannt werden können.

Angesichts der reichen Ikonografie und Symbolik der Gebäude, die Gaudí vor und nach der *Casa Calvet* entwarf, enthält diese in ihrem Außenbau bemerkenswert wenige dem Stil des Architekten entsprechende Dekorationen. Es ist aber durchaus möglich, dass dies auf einen äußeren Einfluss zurückzuführen ist: Von Anfang an war das Bauprojekt ein Stein des Anstoßes für die Mitglieder eines nahe gelegenen Klosters, sodass Gaudí eine Sichtschutzmauer hinter dem Haus errichtete, um Beschwerden zuvorzukommen.

Casa Calvet, Carrer de Casp

Die Eingangshalle

Courtesy AISA

IM Außenbau der *Casa Calvet* hielt sich Gaudí zwar zurück, doch bemühte er sich umso mehr um die Innenräume und verwendete mehr Sorgfalt auf das Mobiliar, als er es selbst im *Palau Güell* getan hatte. Doch viele seiner üblichen Dekorationsmotive – mit Ausnahme der Blumen – fehlen hier.

Eine elegante Architektur aus Stein, der so verarbeitet wurde, dass er Granit ähnelt, umhüllt die Treppe, die sich um einen überaus reich verzierten, elektrisch betriebenen Aufzug aus Holz und Metall nach oben windet. Überall sind zwei- und dreidimensionale Spiralen zu sehen, die Ersteren im Kachelmuster, die Letzteren in den geglätteten Spiralsäulen und ihren Verzierungen.

Einige von Gaudís besten Möbelstücken aus Holz – der dreieckige, dreibeinige Schemel und die geschwungenen, vom Art nouveau inspirierten Stühle und Bänke – wie auch eigens entworfene Polstermöbel wurden für die *Casa Calvet* angefertigt. Allerdings würde man auf den Bänken nicht allzu lange sitzen mögen, denn die Grate im Holz ihrer Rückenlehnen würden sich nach kürzester Zeit unangenehm bemerkbar machen. Die Innenausstattung hat sich als erstaunlich beständig erwiesen: Als eine Explosion im gegenüberliegenden Haus die unteren Fenster der *Casa Calvet* zum Bersten brachte und einige Möbelstücke beschädigte, blieben deren Einzelteile jedoch unversehrt, und Arbeiter konnten sie ohne Probleme wieder zusammensetzen.

Das bemerkenswerteste Ausstattungsstück des Hauses ist der wundervolle Art-nouveau-Spiegel mit einem Holzrahmen aus Schnörkeln und muschelartigen Wirbeln. Im Rückblick scheint dieser Spiegel auf die lang gezogenen Elefanten Salvador Dalís (1904 –1989) vorauszuweisen.

CASA CALVET, CARRER DE CASP

DETAILS DES AUSSENBAUS

Courtesy Arcaid

OBWOHL Gaudí bei der vorderen Fassade gestalterische Zurückhaltung übte, ist sie dennoch reich an kleinen und seltsamen Einzelheiten. Im Stein und in den Metallschmiedearbeiten wiederholen sich feine Blumen- und Pilzformen, und wenn es auch scheint, als ob es weit und breit keine Schlange oder Echse gäbe, passiert hier etwas Ungewöhnliches: In dem kunstvoll gestalteten Erker über der Tür schwingt der Verfall mit, ein Thema, das Gaudí in den Balkons der *Casa Milà* weiterentwickeln und in der Fassade der *Sagrada Família* zum Äußersten steigern sollte.

Gaudí entwarf nicht nur die Gucklöcher aus Metall, er zeichnete auch die Entwürfe für die äußerst kunstvollen Türklopfer. Wenn jemand dieses Furcht einflößende Instrument benutzt, schiebt ein Hebel ein Kreuz in die Höhe, das dann auf den Rücken eines darunter angebrachten Käfers schlägt. Der Käfer steht als Symbol für die Verunreinigung und das Böse, und beide werden durch den Akt des Eintretens in das Haus zerstört.

Und noch etwas anderes ist an der *Casa Calvet* von Interesse: die rückwärtige Fassade. Man könnte erwarten, dass sich diese auf die Vorderfront bezieht, doch unterscheidet sich die Rückseite deutlich. Die Balkons sind abgerundet, und ihre Form ähnelt fast menschlichen Körperteilen, die Muster im Stil des Art nouveau erinnern an Schuppen, und unvorsichtigerweise scheint jemand einem Paar vierfüßiger Steindinosaurier den Zugang zum Garten hinter dem Haus gestattet zu haben.

Der Gedanke ist zwar recht abstrus, denn niemand hätte wissen können, was sich Gaudí für sein erstes Haus am Passeig de Gracia ausdenken sollte – doch es ist fast, als ob die *Casa Batlló* aus der Rückseite der *Casa Calvet* ausschlüpft.

DIE KRYPTA DER COLÒNIA GÜELL, SANTA COLOMA DE CERVELLÓ *1898–1916*

Courtesy AISA

DIE Kirche auf dem Areal der *Colònia Güell* in Santa Coloma de Cervelló nördlich von Barcelona hätte Gaudís erstes wirklich monumentales Gebäude sein können, aber wie so viele andere Bauten wurde sie nie vollendet. Gaudí konnte lediglich die Krypta errichten, bevor das Projekt eingestellt wurde. Es sind Zeichnungen erhalten, die erahnen lassen, wie die fertige Kirche ausgesehen hätte, und Gaudí selbst berichtete Kollegen, dass es sich hierbei um einen Probelauf für die *Sagrada Família* handelte.

Über den Hinweis auf die spektakulären Innenräume der *Sagrada Família* hinaus sollte die Kirche der *Colònia Güell* eine Übung im Naturalismus sein, indem Gaudí unbearbeitete Steine verwendete. Nach den Auftragsarbeiten für Privathäuser sowie Wohn- und Geschäftsgebäude konnte Gaudí sich hier frei entfalten und seinen fantasievollsten Einfällen freien Lauf lassen. Deshalb muss die Einstellung des Baus besonders ärgerlich gewesen sein, insbesondere, weil er 19 Jahre darauf verwandt hatte, das Gebäude bis zu diesem Stadium zu entwickeln.

Etwa zur gleichen Zeit wie der *Park Güell* entstand mit der *Colònia Güell* das zweite gemeinnützige Experiment in der Zusammenarbeit von Gaudí und Güell. Während der Park den Reichen Barcelonas ein romantisches Vorstadtidyll bot, handelte es sich bei Güells Projekt in Santa Coloma um eine *colònia industrial*, eine Arbeitersiedlung für die Angestellten von Güells Textilfabrik in dieser Stadt. Die meisten Kommentatoren werten dieses Projekt als ein progressives soziales Experiment, Güells Kritiker weisen allerdings auch darauf hin, dass der Conde gegen Kinderarbeit nichts einzuwenden hatte.

DIE KRYPTA DER COLÒNIA GÜELL

AUSSENANSICHT UND EINGANGSBEREICH

Courtesy AISA

SKIZZEN von der vollendeten Kirche der *Colònia Güell* zeigen eine noch sonderbarere Gestaltung als die der *Sagrada Família*: eine Ansammlung von riesigen konischen Türmen, die – um eine moderne Bildlichkeit zu verwenden – Mondraketen oder den weit ausholenden Kurven einer Achterbahn ähneln. Wenn überhaupt, sind nur Ähnlichkeiten mit Gaudís spätem, nicht umgesetztem Projekt für ein Hotel in Manhattan vorhanden. Heute sind lediglich das Untergeschoss und die Stützen zu sehen, die den fantastischen Bau in den Himmel gehoben hätten. Im Jahr 2000 musste die Krypta für einige Zeit geschlossen werden, um grundlegende Reparaturen an ihrer Konstruktion auszuführen. Die Säulen und tragenden Elemente hätten sich unter einem großen, schweren Gebäude befinden sollen, und Gaudí hatte ihre Tragkraft entsprechend berechnet. Ohne die obere Kirche war ihre Stabilität jedoch in hohem Maße gefährdet. Um zu vermeiden, dass die Krypta einstürzte, mussten einige Änderungen an ihnen vorgenommen werden.

Wie bei den Steinstrukturen des *Park Güell* wandte sich Gaudí auf seiner Suche nach Inspirationsquellen der Natur und der Landschaft zu. Wie bei allen seinen in die Landschaft integrierten Projekten wurde die Krypta in das Terrain eingebunden und wird von einem sanften, von Pinien bewachsenen Hügel fast ganz aufgenommen. Als man sich für die genaue Position der geplanten Kirche entschied, bemerkte Gaudí, dass eine alte Pinie an dem Platz stand, wo sich die zum Gebäude führenden Stufen befinden sollten. Andere Architekten hätten den Baum wahrscheinlich fällen lassen, Gaudí jedoch führte die Treppe um ihn herum.

DIE KRYPTA DER COLÒNIA GÜELL

DER INNENRAUM

Courtesy AISA

IN der Krypta der *Colònia Güell* wollte Gaudí bewusst den nackten Stein und die Erde des Baukörpers zeigen. Neben dem Ziegelstein – den der Kunsthistoriker Robert Hughes als Sinnbild für die gebrannte Erde oder *la pàtria* (das Heimatland) deutet – verwendete Gaudí für die Säulen Stein aus Garraf und den wohl urzeitlichsten aller Steine, Basalt. Jedes dieser Materialien zeichnet sich durch eine unterschiedliche Tragkraft aus: Ziegel fanden bei den weniger schweren Lasten und manchmal in den maiskolbenförmigen Ziegelformen Verwendung, der Stein aus Garraf wurde eingesetzt, um größere Lasten zu tragen, und der Basalt sollte die schwersten Lasten, insbesondere das mittlere Gewölbe, tragen.

Die Säulen sehen zwar wie Bäume aus oder erscheinen, als ob sie nur grob behauen sind, doch verbergen sich in ihrer Gestalt „tragende" Parabel- oder Spiralformen. Wie in anderen Kellerräumen Gaudís muten sie fast wie ein Wald aus wahllos verteilten Säulen an, doch in Wirklichkeit – wie bei Gaudís Restaurierung der Kathedrale von Palma de Mallorca und in der *Sagrada Família* – waren diese Säulen sorgfältig verteilt, sodass sie vom gesamten Innenraum aus eine optimale Sicht auf den Altar ermöglichten. Trotz seiner merkwürdigen Symbolik verlor Gaudí niemals die essenziellen Funktionen des Gebäudes aus den Augen. In seinem Werk sah er die Funktion, die Form und die Dekoration als unteilbare Dreiheit an.

DIE KRYPTA DER COLÒNIA GÜELL

DIE SÄULENVORHALLE

Courtesy AISA

DA sie etwa zur selben Zeit wie der *Park Güell* entstand, profitierte die Krypta der *Colònia Güell* von den dortigen Neuerungen. Josep Maria Jujol wandte die Mosaiktechnik des *trencadís* auch in der Säulenvorhalle der Krypta und in einer Reihe von in der Nähe angebrachten Kreuzwegstationen an. Die Mosaiken des Parks sind allerdings strukturierte abstrakte Muster, in der Krypta wurden diese – dem Ort angemessen – ruhiger, formeller und gegenständlicher ausgeführt, ihre Farbigkeit ist jedoch nicht weniger brillant. Sie zeigen geometrische Muster und Embleme mit Pflanzen und Blättern sowie die Palmette.

Jujol und Gaudí fügten auch eine Anzahl religiöser Symbole hinzu, darunter die urtümlichen, schimmernd blauen Kreuze und die Ziersteine, die denen in der Halle der hundert Säulen des *Park Güell* ähneln, hier aber mittelalterlich anmutende Kreuzformen tragen. Für den Schlussstein in der Mitte der Säulenhalle entwarf Jujol ein Motiv, das aus einem Kreuz, der Säge eines Zimmermanns und einem Anagramm aus den Buchstaben des Namens des heiligen Josef besteht und in ähnlicher Form auch im *Park Güell* und später in der *Sagrada Família* erscheint. Die Säulen der Vorhalle ähneln nicht nur grob behauenem Stein, in ihnen finden sich auch Anspielungen auf Vegetabiles.

Bei Gaudís Einsatz einer vegetabilen Bildlichkeit handelt es sich vielleicht um ein weiteres seiner Zeichen für die Sterblichkeit des Menschen im Gegensatz zur Allgegenwärtigkeit Gottes.

DIE KRYPTA DER COLÒNIA GÜELL

DIE FENSTER

Courtesy AISA

AUCH an den *trencadís*-Mosaiken des *Park Güell* ist zu sehen, dass sich in dieser Werkphase Gaudís sowohl hinsichtlich der eingesetzten Materialien als auch stilistisch etwas nahezu Umstürzlerisches vollzieht. Es könnte sich dabei, zieht man die Deutung von Josep M. Carandell hinzu, um Anspielungen auf die transformatorischen Prozesse der Alchemie handeln. Es wäre aber auch möglich, dass es sich – was leichter zu erklären wäre und die Tatsache einbeziehen würde, dass die Einheit von Material und dessen Herkunft ein wichtiges Anliegen Gaudís war – lediglich um einen raffinierten persönlichen Einfall oder ein entsprechendes Spiel mit den Bedeutungen handelt.

In der Krypta finden sich zwei Beispiele für eine entsprechende Auffassung: Die meisten Fenster sind Buntglasfenster und weisen kreuzartige Muster auf, wenn auch zumindest eines von ihnen auf das Freimaurersymbol des Zirkels anspielt. Alle sind, wie auch die Ausgänge der Lüftungsschächte, vergittert. Einige dieser Gitter bestehen aus sehr feinen Metallstäben, für die ausrangierte Webnadeln der Textilfabrik Güell verwendet wurden. Andere ähneln Stoffstreifen oder Stofffalten, bestehen in Wirklichkeit aber aus Metall (hier sieht Robert Hughes eine Verbindung zu den weichen Skulpturen von Claes Oldenburg). Gaudí integrierte die Materialien der *colònia industrial* in die Baustoffe der Kirche und zitierte mit den Metalldekorationen der Krypta den Werkstoff, den die Betenden während der Arbeitswoche in der Fabrik produzierten.

DIE KRYPTA DER COLÒNIA GÜELL

DER INNENRAUM

Courtesy AISA

VERMUTLICH hätten die Kirchgänger der *Colònia Güell* Schwierigkeiten, in diesem unterweltlichen Raumwunder der Liturgie zu folgen. Aus diesem Grund ersann Gaudí Sitzbänke, die ihnen bei ihrer konzentrierten Hingabe hilfreich waren. Zu den hervorragendsten Möbelstücken, die er jemals entwarf, gehören diese der menschlichen Körperform angepassten Sitzgelegenheiten der Krypta. Wie die organischen Formen der Schlangenbank im *Park Güell* waren diese Bänke speziell im Hinblick darauf entworfen worden, dass die sitzende Person aufrecht und aufmerksam blieb, vielleicht aber auch, um die Anziehungskraft der Kirche und das Vermögen des Priesters zu erproben, seine Zuhörerschaft mit den immer gleichen alten Predigten bei der Stange zu halten ... Es ist manchmal nicht möglich zu sagen, ob Gaudí Gott, sich selbst oder alle anderen im Glauben prüfen wollte.

Für das Taufbecken der Kapelle entschied sich der Architekt, wohl erstmals in seinem Werk, einen wirklichen Teil der ursprünglichen Natur, eine riesige Muschelschale, zu verwenden. Das Becken mit dem geweihten Wasser wird von drei Stäben auf einer aufwändigen Metallkonstruktion gehalten und ist an einem der Steinpfeiler befestigt. Es sieht unpraktisch aus – und dennoch erhaben. Machte sich Gaudí hier einen Spaß mit Gott? Er lässt den Priester, der ein unschuldiges Kind in diesem Gotteshaus tauft, den Säugling in diese überaus reale, riesige Muschel tauchen.

KATHEDRALE VON PALMA DE MALLORCA *1903–1914*

Courtesy Institut Amatller d'Art Hispànic

GAUDÍ lernte 1899 den Bischof Campins i Barceló von Palma de Mallorca kennen, als dieser die Baustelle der *Sagrada Família* besuchte. Der junge Bischof mit seiner progressiven Einstellung zur kirchlichen Liturgie und zur Architektur war von Gaudís Kenntnissen in beiden Bereichen besonders beeindruckt. Campins i Barceló plante, die *Kathedrale von Palma* zu restaurieren und bat Gaudí, dieses Projekt zu übernehmen.

Gaudí hatte eine Abneigung gegenüber gewissen Charakteristika der Gotik wie etwa dem Strebepfeiler, doch nahm er darin keineswegs eine absolute Haltung ein. Später sollte er z. B. den Grundriss der *Sagrada Família* abändern, um diese dem Kölner Dom anzugleichen, der sicherlich mehr Strebepfeiler als genug aufweist. Ganz ähnlich macht die Kathedrale, die sich über dem Hafen von Palma auftürmt wie der Dom über dem Rhein, ausgiebigen Gebrauch von diesen Pfeilern, die von Gaudí als „Krücken" bezeichnet wurden. Wahrscheinlich sah es Gaudí als seine Mission an, die Gotik zu reformieren oder zu verbessern.

Eigentlich hätte er es nach den Erfahrungen mit dem Bischofspalast in Astorga besser wissen müssen. Wenn seine Vorstellungen auch ästhetisch begründet und liturgisch hieb- und stichfest waren, gerieten sie in Konflikt mit dem Domkapitel, dem Priesterkollegium, das die Arbeiten am Gebäude überwachte und absegnete. Gaudís Ziele waren nicht weiter außergewöhnlich – er wollte die Teile der Ausstattung, die im Laufe der Jahrhunderte an einen anderen Ort gebracht worden waren, wieder an ihren Ursprungsort schaffen und die Zugänglichkeit der Kirche für die Öffentlichkeit verbessern –, doch das Domkapitel empfand seine Arbeiten als zu „modern".

KATHEDRALE VON PALMA DE MALLORCA

DER INNENRAUM

Courtesy Institut Amatller d'Art Hispànic

WIE ernsthaft und hingebungsvoll sich Gaudí dem Projekt der *Kathedrale von Palma* widmete, zeigt sich daran, dass er fast ein Jahr damit verbrachte, ihre Geschichte zu erforschen und sie mit liturgischen Texten in Beziehung zu setzen.

Gaudís Pläne waren recht einfach, doch enthielten sie einige von ihm selbst entworfene Arbeiten, die das Domkapitel erwartungsgemäß in Alarm versetzten. In seiner ganzen Laufbahn scheint es Gaudí wichtig gewesen zu sein, mit Traditionen zu brechen, die gewisse Grundsätze der Kirche untermauerten. Offensichtlich war er entschlossen, den Glauben der Kirche an ihn und seine Fähigkeiten gleichermaßen auf die Probe zu stellen.

In der *Kathedrale von Palma* rückte Gaudí das Chorgestühl näher an den Altar heran und überließ das Kirchenschiff dem Gebrauch der Kirchgänger, ein Akt kirchlicher Demokratie, den er schon in der *Colònia Güell* vollzogen hatte und in der *Sagrada Família* wiederholen sollte. Folglich änderte sich die Gestalt des Innenraums grundsätzlich.

Zu seinen eigenen Beiträgen für die Umgestaltung gehörte eine Mauer aus glasierten Kacheln im hinteren Bereich der Apsis, die seinem Glauben an die Kraft der Farbe und ihrer Wichtigkeit für die Liturgie entsprachen. Das Domkapitel hielt von dieser Innovation äußerst wenig. Gaudí bestand auch darauf, kurze Passagen aus den Evangelien zu verwenden, so wie er auch anderswo in seinem Werk religiöse Textpassagen eingesetzt hatte. Das Domkapitel war auch hiermit nicht einverstanden. Später sollte man Gaudí in seinen Ideen zustimmen, doch nicht einmal der Bischof konnte damals seine reaktionären Kollegen umstimmen.

Kathedrale von Palma de Mallorca

Die Fensterrose

Courtesy Institut Amatller d'Art Hispànic

WENN man auch einige Aspekte von Gaudís Denkweise in Frage stellen kann – wie die von ihm selbst zugegebene Arroganz und seine Naivität in politischen Dingen –, kann man keinen einzigen Moment an seiner lebenslangen Hingabe zweifeln, transzendente Schönheit in öffentliche, private und sakrale Räume einzubringen. Bei der Restaurierung der *Kathedrale von Palma* brach er sogar mit einem seiner wichtigsten Grundsätze der Kirchenarchitektur: Er verabscheute die helle Erleuchtung von Kirchen und Kathedralen und bestand darauf, dass nur Wachskerzen, niemals Glühbirnen, auf die Altäre gesetzt wurden und mit ihrem Licht für den Anschein von etwas Wunderbaren sorgten.

Bei der *Kathedrale von Palma* ersetzte er den ursprünglich quadratischen Baldachin über dem Altar durch einen neuen siebenseitigen, der reich bedeckt ist mit Symbolen des Heiligen Geistes, des Pfingstwunders, der Kreuzigung sowie Marias und des heiligen Johannes. Diesen beleuchtete er durch Trauben winziger Glühbirnen, sodass statt des grellen Lichts der üblicherweise verwendeten Glühbirnen ein nebelartiger Dunst entsteht, der an eine Galaxie oder den Nebel um einen Himmelskörper erinnert. Bevor er seine Arbeit angesichts der Unnachgiebigkeit des Domkapitels aufgab, gelang es Gaudí, zwei vormals vermauerte Fenster wieder zu öffnen und Buntglas in seiner eigenen, aus primärfarbigen Glasschichten bestehenden Technik einzusetzen.

PARK GÜELL, GRÀCIA *1900–1914*

Courtesy AISA

NIEMAND sollte sich dem *Park Güell* nähern, ohne sich auf diese Erfahrung vorzubereiten. Es gibt in Europa nichts – von den wunderlichen Mittelmeerzitaten in Portmeirion bis zu den Märchenschlössern Ludwigs I. von Bayern –, was sich mit dieser Orgie der Vorstellungskraft und Symbolik vergleichen ließe, die sich in den Hügeln zu Füßen des Tibidabo-Berges ergießt.

In der Rückschau waren die Hippies, die nach Robert Hughes zur besseren Würdigung von Gaudís Projekt Drogen nahmen, möglicherweise näher daran, den Geist des Parks zu verstehen, als wir es uns vorstellen können. Psychedelische Pilze gehören tatsächlich zu den Dingen, die man direkt bei der Ankunft im Park erblickt.

Vergleiche wie dieser erweisen dem Park jedoch letztlich keinen guten Dienst, da sich in seinem Kern ein höchst ernsthaftes geistiges Programm verbirgt – doch ist und bleibt es erstaunlich, dass zwei grundsolide, konservative Katholiken mittleren Alters wie Gaudí und Güell sich auf ein solches Projekt einließen.

Man kann das Wesen der Stadt Barcelona im industrialisierten 19. Jahrhundert daran messen, dass reiche Familien wie die Güells am Stadtrand ganze Berge erwerben konnten. Doch ist es unwahrscheinlich, dass andere dort einen derartigen Themenpark zu Wohnzwecken errichtet hätten, dessen Symbolismus eine Beschreibung in der Terminologie des Wahnsinns herausfordert. Der *Park Güell* ist so reichhaltig – manches wurde als Geheimsymbolik interpretiert –, dass er in seiner Gesamtheit eine Überlastung der Sinne herbeiführt. Nicht einmal Umberto Ecos Theorie der Hyperrealität kann auch nur ansatzweise erklären, was sich hier ereignet.

PARK GÜELL

DER EINGANG

Courtesy Richard Bryant/Arcaid

ALS Güell die Muntanya Pelada gerade gekauft hatte und er und Gaudí begannen, ihre utopische Gemeinde als Siedlungsprojekt zu planen, war das Gebiet noch von unbebautem Land umgeben. Die Familie Güell besaß zwar bereits ein größeres Haus am Rand des Grundstücks – in dem sich nun eine Schule befindet –, zeitgenössische Fotografien zeigen jedoch Kutschen, die sich dem Parkeingang über Felder nähern. Der Park sollte das umfangreichste Symbolprogramm aller profanen Arbeiten Gaudís erhalten. Heutige Besucher mögen in ihm zwar wenig mehr sehen als eine farbenfrohe Narretei, doch Gaudí und Güell legten Wert auf ein komplexes symbolisches System, das sich auf die katalanische Mythologie, die religiöse Symbolik und eine von Bischof Torres i Bages – einem der wichtigsten Ideologen der katalanischen Renaissance der Jahrhundertwende – entlehnte Verbesserungsphilosophie bezog. Diese Symbolik sollte sich selbst auf die kleinsten Details der Anlage auswirken, von der Positionierung ihrer einzelnen Bestandteile bis zur Auswahl der Materialien für die Mosaiken und hin zur Bepflanzung der Anlage. Ähnlich wie im Fall potenzieller Käufer, die sich an einem Wohnsitz im Park interessiert zeigten und durch das Bewerbungsverfahren abgeschreckt wurden, ist es wahrscheinlich, dass die meisten Parkbesucher der Symbolik von Gaudí und Güell mit Unverständnis begegnen.

Was das Werk Gaudís betrifft, ist der Park nach der *Sagrada Família* die wohl wichtigste Station unter Barcelonas Touristenattraktionen, doch sind sich nur wenige Besucher der überaus anspruchsvollen Botschaft bewusst, der Gaudí mit diesem Park Ausdruck verleihen wollte.

PARK GÜELL

DIE TORE

Courtesy Ken Walsh / The Bridgeman Art Library

DER Name ist der erste Schlüssel zum *Park Güell.* Er lautet „Park" und nicht katalanisch „Parc", weil Güell eine eigene Version der im England des ausgehenden 19. Jahrhunderts entstandenen Gartenstädte beabsichtigte. Zwar findet man in Welwyn Garden City oder Hampstead keine entsprechende Architektur, doch sowohl Gaudí als Güell waren Liebhaber der ruralen Romantik der Engländer John Ruskin (1819–1900) und William Morris (1834–1896).

Das Projekt – sechzig Einzelhäuser auf einem um die Muntanya Pelada, den „kahlen Berg", gelegenen Grundstück von mehr als zwanzig Hektar Größe – ist als „utopische" Siedlung gedeutet worden, die sich um große gemeinschaftliche Flächen anordnen sollte. Die Tatsache, dass nur eines der Einzelgrundstücke verkauft wurde, lässt vermuten, dass die Erwartungen von Gaudí und Güell vielleicht ein wenig hoch gesteckt waren: Die Menschen bewarben sich zwar um die Grundstücke, doch entweder scheiterten sie an dem harten Bewerbungsverfahren oder das Vorhaben wurde ihnen dadurch verleidet. Offenbar wollten Gaudí und Güell nicht jeden x-beliebigen Katalanen in ihr persönliches Utopia aufnehmen.

Erbaut wurde die Anlage außerhalb der Reichweite von Barcelonas öffentlichem Verkehrsnetz (dies trifft noch heute zu), was ihren einzigen tapferen Siedler, den Anwalt Martín Trías Domènech zu der ketzerischen Behauptung anregte, dass die Straßenbahn, die Gaudí 1926 tödlich verletzte, sich für diese Beleidigung revanchiert habe. Es ist vermutet worden, dass der Park deshalb so weit von der Innenstadt entfernt angelegt und das komplizierte Aufnahmeverfahren deshalb ersonnen wurde, um Bewerber abzuschrecken und nicht anzuziehen.

PARK GÜELL

DER DACHSCHMUCK

Courtesy Richard Bryant/Arcaid

DER *Park Güell* sprüht vor Einfällen, und so ist es schwierig, zu entscheiden, an welcher Stelle eine Beschreibung seiner Schätze beginnen soll. Die Medaillons mit dem Namen haben den Startschuss für die „Symboljagd" im Park gegeben, und schon bevor wir eintreten, finden sich Anspielungen auf die Ikonografie der Freimaurer, die sich in der gestalteten Landschaft wiederholen. Die Inschrift „Alaba por" – „Gelobt sei" – auf der Außenwand des links vom Eingangstor befindlichen Pavillons ist als Anagramm gedeutet worden, das versteckte Hinweise auf eine Freimaurerloge gibt.

Die Formen dieser beiden Eingangspavillons zeigen Anklänge an Bäume und Stämme, Zähne, Schädel, Augenhöhlen, Schuppen und Panzer. Bei den unnatürlich roten Pilzen auf den Schornsteinen handelt es sich um Fliegenpilze, die sich wieder einmal auf Güells Hobby der Pilzkunde beziehen.

Die architektonische Neuerung, die sich beim Betreten dieses Jahrmarkts ohne Karussells erstmals zeigt, ist der Dachschmuck der Pavillons. Gaudí hatte schon vorher begonnen, abstrakte und rein geometrische Formen zur Dekoration seiner Gebäude zu verwenden, insbesondere auf dem Dach von *El Capricho*. Auf den Dächern im *Park Güell* aber fangen die Formen an, sich aufzulösen, wie auch die architektonischen Strukturen von Wand, Dach, Fenster und Tür. Von Wissenschaftlern wie Robert Hughes und Josep M. Carandell ist erkannt worden, dass zu den wichtigsten Innovationen Gaudís eigenständige „Erfindung" der Collage gehört, und das bereits einige Zeit vor der *Schnecke* von Henri Matisse (1869–1954) und vor den Fundstücken in der Kunst der Dadaisten.

PARK GÜELL

DIE MOSAIKEN

Courtesy Richard Bryant/Arcaid

NOCH heute wirken Gaudís Vorstellungen avantgardistisch, doch ist es unwahrscheinlich, dass er selbst sie so beurteilte: In dem, was wir als radikale ästhetische Neuerungen empfinden, sah er lediglich das Bemühen, Struktur, Farbigkeit und Glanz der Materialien zu verbessern, indem er die Natur befragte. Tatsächlich – einer der Hauptbestandteile des Parks wird dies zeigen – betrachtete er das antike Griechenland als wichtigste Einflussquelle für den Park. Seine Vermutung, dass die Griechen ihre steinernen Kunstwerke bemalten, sollte sich später als korrekt herausstellen.

Gaudís Zusammenarbeit mit Jujol – später selbst ein gefeierter Architekt – an den Mosaiken im Park reicht von den Dächern der Pavillons über die doppelläufige Treppe bis zur Bank, die sich um die obere Plaça herumschlängelt. Man hat geglaubt, heraldische Symbole, katalanische Äxte und Messer, in den Dächern zu erkennen. Die Anspielungen auf die Heraldik und die Schmucksteine mit ihren heroischen Motiven zersplittern in Fragmente, die sich in den Treppengeländern und dem bekanntesten Ausstattungsstück des Parks, der Schlangenbank, zu neuen atemberaubenden Formen zusammensetzen.

PARK GÜELL

DIE MOSAIKEN

Courtesy Richard Bryant/Arcaid

IN den Jahrzehnten, die seit der Fertigstellung des *Park Güell* vergangen sind, entstanden einige Kunstrichtungen, in denen sich Anklänge an das Werk Gaudís, nicht zuletzt an die *trencadís*-Mosaiken im Park finden lassen. Bevor wir jedoch von einer unmittelbaren Abhängigkeit sprechen, sollten wir innehalten. Es ist durchaus möglich, dass sich der junge Joan Miró (1893–1983) und Pablo Picasso (1881–1973) von Gaudí inspirieren ließen. Doch angesichts der Missbilligung, mit der man seine Arbeiten seit dem Ende der Ära der *modernistas* (Kunstwissenschaftler tendieren dazu, dieses etwa auf das Jahr 1910 zu datieren) bis in die 1980er-Jahre verfolgte, ist es unwahrscheinlich, dass Gaudí einen nennenswerten Einfluss auf die unterschiedlichen Ausprägungen der Moderne im nördlichen Europa ausübte. Vielmehr nahm er selbst möglicherweise die Vorstellungen dieser revolutionären Kunstströmungen, von den französischen Kubisten bis zu den postmodernen Künstlern im Manhattan der 1990er-Jahre, vorweg.

Noch im 21. Jahrhundert kann man die Arbeit Gaudís mit Linien, Farbe und Form als radikal empfinden. Sie hat etwas Surreales und ist zugleich leicht zugänglich. Ihre Formen haben eine Funktion, und – als ob Gaudí die Nüchternheit gelangweilt hätte – sie sind in hohem Maße fantastisch. Das hier abgebildete Detail verweist nicht auf Gott und dient auch nicht dazu, ihn zu preisen, es ist vielmehr auf seltsame Weise natürlich, in ihm spiegelt sich das Blau des Himmels und intensiviert sich das Grün des Grases. Es ist eindeutig etwas Künstliches und erscheint doch seltsam zerbrechlich, es ist ein Tribut an die Kunstwerke der Antike und zieht sie doch zugleich ins Lächerliche.

PARK GÜELL

DIE PARKBANK

Courtesy Richard Bryant/Arcaid

MIT den Brüstungen des *Park Güell* verabschiedete sich Gaudí von der konventionellen Dachstruktur. Hier, auf beiden Seiten des Eingangs, erwacht der schlafende Dinosaurier. Das Rot und das Weiß auf der Außenmauer des Parks sind offenbar die Farben der antiken phönizischen Flotte, welche die wahrscheinlich ersten Siedler in die Region brachte. Das Blau und das Weiß des Turms des südlichen Eingangspavillons bezieht sich nicht nur auf das Wappen der Familie Comillas, sondern auch auf das der Grafen von Montcada, die im Mittelalter die katalanische Invasion Mallorcas einleiteten, ein Schlüsselereignis in der Geschichte Kataloniens.

Bedeutsam ist auch die Tatsache, dass im *Park Güell* Gaudís Collagetechnik der *trencadís* ihre volle Ausprägung gefunden hat, die er in der *Sagrada Família* allerdings noch verfeinerte. Die *trencadís*-Dekorationen des Parks dürfen gleichermaßen als das Verdienst Gaudís und seines Assistenten Josep Marià Jujol angesehen werden.

Die gekurvten Zinnen auf dem Dach sind eine merkwürdig feminine Aussage Gaudís. Wenn man in ihrer Positionierung auch etwas Defensives und Anklänge an die kriegerische Vergangenheit der Stadt zu erkennen glaubt, haben die Formen doch eine feminine Gestalt. Sie verfügen nicht über die bedrohlichen scharfen Kanten oder Zacken der früheren Werke. Es gibt keine Klingen, nur weiche, sinnliche Rundungen, die leise mit dem Himmel kommunizieren. Selbst den breitmäuligen Pseudo-Wasserspeiern unter den sich schlängelnden Kanten gelingt es nicht, dem Dach etwas Furcht erregendes zu verleihen.

PARK GÜELL

DIE PLAÇA

Courtesy AISA

AUF den ersten Blick erscheinen die Schmuckelemente der Mosaiken des Parks aus ganz normalen glasierten Keramikfliesen zu bestehen, die willkürlich zerschlagen und einem Mosaikpflaster entsprechend wieder zusammengesetzt wurden. Doch kommen die *trencadís* des *Park Güell*, wie Jorge Luis Borges' *Bibliothek von Babel*, einem enzyklopädischen Musterbuch gleich, das auf vorchristliche arabische Entwürfe zurück- und zugleich auf die „Geschirrkunst" eines Julian Schnabel und die Punktgemälde von Damien Hirst vorausweist.

Doch sollte dies nicht überbewertet werden: Gaudí war kein Wahrsager und hätte sicherlich eine großen Teil der Kunst des späten 20. Jahrhunderts verabscheut. Die Herkunft der *trencadís*-Mosaiken im Park ist auf fast komische Weise alltäglich: Gaudí und Jujol baten die Bauarbeiter, alle ausrangierten Fliesen oder Porzellanstücke mit auf die Baustelle zu bringen, da sie diese in ihre Entwürfe integrieren wollten. Jujol selbst brachte ein Essservice mit, das er nicht ausstehen konnte und auf welchem sich – noch heute – Engelchen auf Wattewölkchen vergnügen. Ein während der Bauzeit verfasster Zeitungsartikel zeugt von der Verwirrung des Verfassers angesichts seiner Beobachtung, dass die Arbeiter das „Zeug" enthusiastisch zerdepperten, nur um es wieder in die Parkarchitektur zu integrieren.

PARK GÜELL

DER SALAMANDERBRUNNEN

Courtesy AISA

IN der Echse, die über dem Brunnen auf der Parktreppe steht, hat man Bezüge zu dem angeleinten Drachen ausgemacht, der den Garten der Hesperiden bewacht. Einige Interpretatoren sehen in ihr auch ein Krokodil, aber mehr noch sind der Meinung, dass es sich um einen Salamander handelt, das traditionelle Lieblingstier des mittelalterlichen Alchemisten. Die geckoartigen Zehen, die den badewannenartigen Beckenrand umklammern, scheinen in der Tat auf den harmlosen, doch stark symbolischen Salamander hinzudeuten. Er hat die starre Verteidigungshaltung einer Echse eingenommen, die hofft, sich tarnend ihrer Umgebung anzupassen. Der Salamander, der mit seinen leuchtenden Farben an ein zentralamerikanisches, vielleicht ein Maya-Artefakt erinnert, ist nur ein Mitglied der „Truppe", deren Darbietungen auf der monumentalen Treppe des Parks stattfinden.

Weiter unten gibt es einen anderen Brunnen, der sich aus dem Maul eines für Gaudí typischen Reptils speist: der Schlange, deren Kopf aus einem Wappenschild mit den roten und gelben Streifen der katalanischen Flagge hervortritt. Unterhalb, in einer unheimlichen Grotte aus Stein und Moos, haben sich freimaurerische Symbole wie der Zirkel und das Winkelmaß in die winzigen Höhlen eingeschlichen. Diese erinnern wiederum an das Grottenwerk des *Ciutadella-Brunnens*, das vermutlich Gaudí geschaffen hat. Über all diesem vervollständigt eine überdachte Bank, die wie die Mundöffnung der Maske eines griechischen Tragöden aussieht, den Schauplatz. Diese Abfolge erinnert an die Ouroboros-Schlange, die ihren eigenen Schwanz verschlingt: Jeder Abschnitt ist im Begriff, den nächsten, unter ihm liegenden zu verschlingen.

PARK GÜELL

DIE SÄULENHALLE

Courtesy AISA

DER ruhigste Platz im *Park Güell* ist seine Agora, der Marktplatz, der den Mittelpunkt der antiken griechischen Stadt bildete. Die Treppe führt zu einer Säulenhalle, die Gaudí als Treffpunkt und Platz für Händler vorgesehen hatte, welche dort ihre Waren feilbieten sollten.

Die so genannte *Halle der hundert Säulen* birgt ihre eigenen Geheimnisse, nicht zuletzt dasjenige, dass es in ihr nur 86 Säulen gibt. Gaudí ließ die anderen 14 weg, um den Raum luftiger zu gestalten und eine zu große Gedrängtheit zu vermeiden.

Als Güell die Muntanya Pelada kaufte, war diese ein kahler, mit Buschwerk bewachsener Felsen ohne natürliche Wasserquelle. Gaudí nutzte seine Ingenieurkenntnisse, die schon für den Wasserbehälter im *Ciutadella-Park* wichtig gewesen waren, um das den Hügel herablaufende Regenwasser adäquat im Park sammeln zu können. Wie schon zuvor war es ihm ein besonderes Anliegen, seinen Entwurf in die Landschaft zu integrieren. Deshalb schlängeln sich alle Bauten, Straßen und Wege um die landschaftlichen Konturen.

Die Topografie des Berges lässt einen Großteil des Regens auf den Eingang zufließen, sodass die mit einem Sandboden bedeckte Plaça über der Halle das Regenwasser in kleine Rinnen filtert, welche in die Röhren der Säulen münden. So fließt das Wasser in einen riesigen versteckten Behälter, der die Brunnen mit Wasser versorgt und die umliegenden Gärten und Beete bewässert.

Obwohl dieser Behälter für Besucher nicht zugänglich ist, treten auch hier skulpturale Elemente auf, z. B. ein Schiffsbug, der sich seinen Weg durch das Wasser bahnt, wenn sich der viele tausend Liter fassende Behälter füllt.

PARK GÜELL

DIE DECKE DER SÄULENHALLE

Courtesy AISA

DIE Urheberschaft der Gestaltung der Hallendecke ist umstritten, doch sollte sie Gaudí und Jujol zu gleichen Teilen zugeschrieben werden, denn die Parkarchitekturen entstanden in einer engen Zusammenarbeit der beiden Männer. Dies widerspricht auch nicht der These von Josep Carandell, dass sich im ganzen Park ein ausgeprägter okkulter Symbolismus beobachten lässt. (Es ist allerdings seltsam und bemerkenswert, dass Carandell eine solche Interpretation aus seiner Deutung ganz ähnlicher Symbole in der *Sagrada Família* ausklammert.)

Die *trencadís* an der Hallendecke gehören zu den bedeutendsten im Werk von Gaudí und Jujol, und sie sind für den Besucher leicht zugänglich (andere finden sich hoch oben in der *Sagrada Família* oder auf dem Dach des *Palau Güell*). Sie bilden einen Sonnen- und Planetenkalender, wobei die Sonne und der Mond in ihren vierteljährlichen Zyklen gezeigt werden. Wieder treten bisweilen plastische Schlangengestalten auf, wie auch Echsenköpfe, Kraken und erstaunlicherweise eine Kinderpuppe. Alle wurden in Relieftechnik herausgearbeitet. Es ist möglich, dass in diesen Symbolen ein heidnischer Unterton mitschwingt oder zumindest christlich-pantheistische Implikationen vorhanden sind.

Josep Carandell hat an dieser Stelle Anspielungen auf den religiösen Geheimbund der Rosenkreuzer entdeckt. Diese sollten in der Parksymbolik auch anderweitig wieder auftauchen, so im geheimnisvollen Schrein auf dem Kalvarienberg, einem kleinen Hügel in einer entlegenen Ecke des Parks. In der Säulenhalle und faktisch im ganzen Park entdeckte Carandell auch eine Zahlensymbolik und weitere Verweise auf Mystisches.

PARK GÜELL

DIE SCHLANGENBANK

Courtesy AISA

KODIERTE Informationen finden sich auch in dem Bestandteil des Parks, der bei den Besuchern am beliebtesten ist, der „Schlangenbank". Hier erreichten Gaudís Neuerungen des *trencadís* ihren Höhepunkt, wenn der Effekt auch im Laufe der Jahrzehnte durch Abnutzung und Schmierereien weniger spektakulär geworden ist.

Gaudí hatte den Park als ein Theater mit der Plaça als Bühne konzipiert, und tatsächlich wurden hier auch Theaterstücke und andere Aufführungen präsentiert. Die Wellenform der Bank greift nicht nur das allgemein bekannte – hier schon fast nebensächliche – Schlangenthema wieder auf, sondern optimiert auch die Verwendung des Raums in einer Weise, die an die Logen eines Theaters erinnert. Die Bank ist der menschlichen Körperform angepasst, und man erzählt sich, dass Gaudí den Abdruck eines nackten Arbeiters auf der ganzen Länge der Bank wiederholte. Es handelt sich jedoch auf keinen Fall um einen „kissing seat" – der konservative Gaudí war äußerst beschämt, als er erfuhr, dass Liebespaare den Park für ihre Rendezvous benutzten.

Neben den Mosaiken in ihren leuchtenden Farben enthält die Bank Textfragmente in katalanischer und lateinischer Sprache. Sie war schon etwa fünfzig Jahre an ihrem Platz, als man diese geheimen Botschaften in den Zwischenräumen der Fliesen entdeckte. Man konnte einen Dialog zwischen der Jungfrau Maria und einem Bittsteller identifizieren, wobei sich die fragmentarischen Bemerkungen in verschiedenen Richtungen über die Bank hinweg erstrecken. Die Handschrift ist unbeholfen, doch dies könnte ebenfalls nur Strategie sein und ein Versuch, die Identität des Autors (oder der Autoren) zu verbergen.

PARK GÜELL

DIE SCHLANGENBANK

Courtesy AISA

DIE verschiedenen Spielarten des *trencadís* im Park brachten auch eine unterschwellige religiöse Symbolik zum Ausdruck. In ihrer Studie zum *Park Güell* entdecken Conrad Kent und Dennis Prindle Wiederholungen, Rhythmen und Muster der Farbverwendung. Die Farben Gelb, Grün und Blau dominieren, denn für Gaudí verkörperten sie die Tugenden Glaube, Hoffnung und Liebe.

In der Bank und in der ganzen Anlage findet sich auch eine konventionellere symbolische Farbverwendung: Weiß steht für die Reinheit, Schwarz für die Trauer und Lila für die Frömmigkeit oder die Reue (ein für Gaudí typisches Thema). Auch treten sowohl die Sonne und der Mond im symbolischen System immer wieder auf und auch Blumen, welche die Heilige Dreieinigkeit (Lilie) und die Jungfrau Maria (Rose) darstellen.

Kent und Prindle betonen, dass sich zu dem Zeitpunkt, als Gaudí und Jujol ihre Arbeit an der Schlangenbank begannen, das Wesen des Parks endgültig geändert hatte. Niemand war mehr daran interessiert, eines der Baugrundstücke zu erwerben. Außerdem hatte in Folge der blutigen Ereignisse der *semana tràgica* des Jahres 1909 – als Gaudí vom Park aus zusah, wie die *Sagrada Família* in Flammen aufging – das religiöse Establishment das Eingreifen in soziale Fragen aufgegeben. Bei der *semana tràgica*, der „tragischen Woche", in der hundert Menschen starben, handelte es sich um einen Arbeiteraufstand, der in eine Orgie antikirchlicher Gewalt ausartete, bei der Gotteshäuser verbrannt und dem Klerus dienende Friedhöfe verwüstet wurden. Gaudí widmete sein Leben einer Anzahl von Unternehmungen, die die Spaltung zwischen Kirche und Bevölkerung durch die Kunst überwinden sollten.

Park Güell

Details der Mosaiken

Courtesy AISA

EINE weitere Besonderheit der Gestaltungen Gaudís zeigt sich in den Details der *trencadís*-Mosaiken an der Treppe. Die Einwölbungen der quadratischen Einzelfliesen (die sich in der *Sagrada Família* wiederholen sollten) schmuggeln Rundformen in die Quadrate ein – ein Hinweis auf einen alchemistischen Umwandlungsprozess. Hier finden sich nicht nur Zitate einer Vielzahl bildlicher Quellen, die auf die römische und griechische sowie die maurische Kunst zurückverfolgt werden können, sondern es ist auch ein Spiel im Gange, in dem es um das Ändern und das Unterminieren von Formen geht. Auseinandernehmen, Auslöschen und Verschieben waren Themen, die für spanische Architekten wie Enric Miralles noch am Ende des 20. Jahrhunderts und darüber hinaus aktuell waren. Diese werden in Gaudís Park auf zweierlei Art ausgedrückt. Einerseits werden handelsübliche Fliesen mit ihren maurischen, floralen, geometrischen oder dem Art nouveau verpflichteten Mustern zerbrochen und wieder zu abstrakten oder gebrochenen Formen zusammengefügt, wie sie später auch im Kubismus, Vortizismus und in anderen Umstürzen der natürlichen Ordnung durch die moderne Kunst auftreten sollten. (Eine allgemein akzeptierte Theorie besagt, dass Pablo Picasso [1881–1973], der Gaudís *trencadís* während seiner Jahre in Barcelona gesehen haben muss, einige der Ideen des Architekten aufgriff, als er die konventionelle Darstellungsweise hinter sich ließ und die auseinanderbrechenden Flächen des Kubismus schuf.) Andererseits wurden einige Fliesen, insbesondere diejenigen der Reihen von rosafarbenen Punkten und geometrischen Mustern, zerbrochen und so in die Mosaiken eingesetzt, dass sie wie schlecht „reparierte“ Versionen ihrer selbst aussehen.

PARK GÜELL

DIE PARKLANDSCHAFT

Courtesy AISA

BEVOR der Besucher des Parks ins Paradies gelangt, muss er die *Alton Towers* passieren. Hiermit ist natürlich nicht der heutige englische Vergnügungspark mit seinen korkenzieherartigen Achterbahnen und dunklen Geisterbahnen gemeint, sondern das viktorianische Landhaus und dessen Park mit seinen vielen Lichtungen und Staffagebauten, das Gaudí von seinen Besuchen in England kannte. Der *Park Güell* war eine Ausprägung der ungemein beliebten „Themenparks", die überall in Nordeuropa eröffnet wurden. Diese versprachen den Besuchern, dass sie zahlreiche fremde Landschaften – Berge, Seen, Urwälder – auf sichere und bequeme Weise in einem gepflegten Park kennen lernen würden.

Das „Thema" im Park Gaudís und Güells war natürlich bei weitem nicht so profan oder frivol, wie es die heutigen Stammgäste von Themenparks kennen und lieben. Für beide Männer stand der Park in einem unauflöslichen Zusammenhang mit Montserrat, dem Kloster auf einem Berggipfel nördlich von Barcelona. In der katalanischen Legende hatte der Berg mehrfach als Zufluchtsort gedient, und in den Jahren nach 1900 versuchten christliche Geologen tatsächlich, ihn mit der biblischen Schöpfungsgeschichte in Zusammenhang zu bringen. Kent und Prindle berichten, dass Güell daran gelegen war, archäologische Funde aus dem Park den kirchlichen Behörden zur Verfügung zu stellen, damit diese dabei behilflich sein konnten, die darwinistische Evolutionstheorie zu widerlegen (*The Origin of Species* war 1859 publiziert worden). Im Nachhinein mag dies vergebene Mühe gewesen sein, doch Gaudí und Güell sahen sich in einen Kampf um die Seelen der Menschheit verwickelt – zumindest um die Seelen der Einwohner Barcelonas.

Park Güell

Die Steinarchitekturen

Courtesy AISA

WENN die Natur in den Architekturen Gaudís auf dem „kahlen Berg" auch verdinglicht oder vielleicht neu erfunden wurde, steht sie im *Park Güell* hinter der Kunst zurück. Der Lauf der Zeit, Misswirtschaft, Vandalismus und ironischerweise auch Mutter Natur haben die Parklandschaft auf subtile und auch weniger subtile Weise verändert. Zypressen, Palmen, Platanen und andere Baumarten sind in der Region heimisch, wie auch Aloe, Stechapfel, Ginster und Rhododendron sowie die Kräuter Rosmarin und Thymian, die im Park wachsen. Doch auf dem größten Teil der nicht gestalteten Fläche finden sich nur Unterholz und Wildwuchs, der sich über die Jahrzehnte entwickelt hat (und von Besuchern beschädigt wurde). Die Natur selbst hat die ursprünglichen Absichten Gaudís bezüglich der im Park anzusiedelnden Pflanzen „überwuchert", und dennoch stellten Kent und Prindle fest, dass in der heimischen Flora, die er hier ansiedeln wollte, etwas Symbolisches enthalten ist. Diese Flora sollte – wie die Symbole, die Gaudí in anderen Werken verwendete, z. B. in der Landschaft, die er sich auf der Fassade der *Casa Milà* vorstellte – die religiösen und kulturellen Botschaften des Parks verstärken.

Gaudí hatte ein eigentümliches Verhältnis zur Landschaft: Er glaubte fest daran, dass seine Gebäude in Eintracht mit ihr existieren konnten – wie die Krypta der *Colònia Güell*, die mit dem Hügel verschmilzt – und dass das Material seiner Gebäude diese Eintracht widerspiegelt – wie der Werkstoff, der im Park abgebaut und verwendet wurde. Doch abgesehen vom *Park Güell* und dem Garten von *El Capricho* machte er kaum Abstecher auf das Gebiet der Landschaftsgestaltung.

PARK GÜELL

DER SÄULENGANG IN FORM EINER WELLE

Courtesy AISA

NACH dem berühmten Zitat von Friedrich Wilhelm Joseph von Schelling (1775–1854) handelt es sich bei der Architektur um „gefrorene Musik“. In Gaudís steinernem Säulengang oberhalb der Plaça erinnert sie eher an gefrorenes Wasser. In einer beeindruckend meisterhaften Ingenieurleistung bildete Gaudí auf dem „kahlen Berg“ etwas nach, das wie die Spitze einer brechenden Welle aussieht. Elemente, die wie erstarrte Wassersprünge oder wie Strudel aussehen, stützen die brechende Welle. Gaudí scheint den Aufbau von Wellen ganz genau studiert zu haben – wieder ging er bei seiner „wichtigsten Lehrmeisterin“, der Natur, in die Lehre –, als er dieses Ausstattungsstück des Parks konstruierte. Spätere, mit Computerprogrammen durchgeführte Berechnungen belegen, dass die Architektur und ihre Stützen genau darauf abgestimmt sind, dem Druck der Welle standzuhalten und ihre Schubkräfte zu verteilen. Josep Carandell sieht in ihr das Sich-Teilen der Fluten des Roten Meeres, das es den Kindern Israels ermöglichte, aus Ägypten zu fliehen. Es ist möglich, dass der Naturliebhaber Gaudí eine derartige Form auf Fotografien von spektakulären Erosionen, wie z. B. denen des Wave Rock in Hyden (Australien), gesehen hat.

PARK GÜELL

DIE STEINSKULPTUREN

Courtesy AISA

SEINER Philosophie getreu, die auf dem Bauplatz vorgefundenen Materialien einzusetzen, verwendete Gaudí den auf dem „kahlen Berg" gebrochenen Stein für Teile des Parks. Die rückwärtige Stützmauer des Theaters der Plaça gehört dazu. Die unteren Elemente ähneln antiken Monumentalarchitekturen, weiter oben löst sich der Stein jedoch wieder in Naturformen auf und ähnelt den Zweigen eines Nacktsamers oder einer Palme – um eine solche Bepflanzung abzustützen, wurde die Architektur errichtet. Hierin erkennt man Anklänge an die doppeldeutigen Anspielungen in der Krypta der *Colònia Güell*, wo die Materialien des Bauplatzes – Webnadeln – in die Fenstergitter integriert wurden und das Metall der Fenster so geformt wurde, dass es auf die auf dem Bauplatz produzierten Materialien hinwies. Im *Park Güell* bringt Gaudí einen raffinierten Zusammenklang zwischen der Steinarchitektur und den oberhalb gepflanzten Bäumen hervor.

Nach der exquisiten Arbeit der *trencadís* wirken die Strukturen der nur grob behauenen Steine jedoch betont rau und lassen vermuten, dass Gaudí über das Materielle hinaus auch etwas Immaterielles sprechen lassen wollte. Auch Symbole spielen eine Rolle: *La Bugadera*, die Waschfrau aus Stein, die einen Korb auf ihrem Kopf trägt, ist als ein weiblicher Freimaurer gedeutet worden, der gerade in die Loge aufgenommen wird. Warum der Architekt ausgerechnet die Initiation einer Frau in eine absolute Männerdomäne vorschlagen wollte, ist, wie so vieles in Gaudís Leben, nicht bekannt. Gaudís Beziehungen zum anderen Geschlecht waren weit von der „Normalität" entfernt, und es gibt praktisch keinen Hinweis darauf, dass er jemals in den Genuss einer engen oder langen Beziehung mit einer Frau kam.

PARK GÜELL

DAS WOHNHAUS GAUDÍS

Courtesy Richard Bryant/Arcaid

GAUDÍ bezog 1906 dieses Haus mit seinem Vater, seiner Nichte Rosita und einem Bediensteten. Es sollte keine glückliche Phase seines Lebens werden: Sein Vater war krank, und Rosita entwickelte eine Abhängigkeit von einer alkoholhaltigen Medizin, die zu ihrem tödlichen Herzanfall einige Jahre später wesentlich beitrug. Gaudí war 55 Jahre alt und hatte keinen Erben, der den Familiennamen hätte weiterführen können. Sein eigenes Leben erwies sich als Reihe von Glaubensprüfungen, in denen er sich selbst und, wie man argumentieren könnte, auch Gott auf die Probe stellte. Sein häusliches Leben scheint ruhiger und konventioneller gewesen zu sein, doch sein Werk zeugt von seinem Kampf gegen den Zustand der Welt. In ihm verschmilzt das Natürliche mit dem Modernen und dem Künstlichen und stehen großartige nicht sakrale Werke neben heidnischen oder fast mythischen Gestalten.

Immer mehr stellte sich heraus, dass das von Güell geplante Utopia gescheitert war. Güell starb 1918, und der Park wurde 1923 an die Stadtverwaltung verkauft. Das Haus Gaudís zeigt – da es von seinem Assistenten Francesc Berenguer entworfen wurde – einige Anklänge an das Werk Gaudís, insbesondere in den Mosaiken des Schornsteins, den markanten Metallarbeiten des Portikus und des inneren Balkons, doch ist es ansonsten nicht weiter Aufsehen erregend. Fast erscheint es, als ob Gaudí von seinem Wohnhaus verlangte, dass es seine konformistische Einstellung zu Heim und Familie reflektierte.

Heute ist das Haus ein Museum, und zu seinen vielen Schätzen gehören einige Stücke des ursprünglichen Mobiliars, die Gaudí zum Teil selbst entworfen hat.

Park Güell

Säulen

Courtesy Richard Bryant/Arcaid

GAUDÍ errichtete seine Gartenvorstadt auf dem 150 Meter über dem Meeresspiegel gelegenen Hügel im Nordwesten der Stadt – wer erst einmal Steigungen und Treppen erklommen hat, wird durch einen fürstlichen Blick über die Metropole, das Meer und auf den Berg Montjuïc belohnt. Sorgfältig studierte Gaudí die Gegebenheiten der Landschaft und legte allergrößten Wert darauf, ihre natürliche Struktur nicht zu zerstören.

Bei den hier gezeigten Säulen handelt es sich um rein dekorative Elemente, die keinerlei statische Funktion übernehmen. Je mehr sich der Besucher vom Parkeingang entfernt, desto naturnäher präsentieren sich die architektonischen Formen. Die Säulen ahmen die Natur nach, indem ihr Schaft einem knorrigen, alten Baumstamm ähnelt und die Kapitelle sich in Blumenschalen öffnen, die heute mit Agaven bepflanzt sind. Möglicherweise sah Gaudí eine üppigere Vegetation für diese Pflanzenbehälter vor.

Ganz in der Nähe, auf einem kleineren Hügel neben dem „kahlen Berg" errichtete Gaudí ein weiteres geheimnisvolles Monument, das er mit einer deutlichen, wenn auch mehrdeutigen Symbolik versah. Auf dem Turo de les Menes – Eisenerzhügel – war dieses Material einst abgebaut worden. Gaudí errichtete eine versiegelte Steinarchitektur, an der kein Eingang zu sehen ist. Der Steinhaufen, auf den zwei Treppen führen, ähnelt Talaiots, den geheimnisvollen Steinstrukturen auf Mallorca und Menorca. Sein Auftreten an diesem exponierten Ort mit seinen großartigen Aussichten scheint eine Vermutung Josep Carandells zu bestätigen: Das Monument – auf dem sich zwei Kreuze und ein niedriger, gestutzter Pfeil finden – hat einen deutlichen Symbolcharakter und muss für Gaudí von besonderer Bedeutung gewesen sein.

PARK GÜELL

DIE SÄULEN DES PROMENADENWEGES

Courtesy Richard Bryant/Arcaid

GAUDÍS intuitives Gefühl für die strukturelle Einheit – und seine Fähigkeit, die entprechenden mathematischen Berechnungen auszuführen – zeigt sich besonders deutlich in den Säulen, die er als Stützen für den höchsten Teil des Promenadenweges oberhalb der Plaça entwarf. Aus dem Stein des Bergs formte er diese grob gemauerten Stützen, die er in einem kühnen Winkel schräg stellte, sodass sie Gewicht und Druck aufnehmen. Die Säulen dienen als Stützen der darüber gelegenen Beete und Balkons. Die Kolonnaden bilden Höhlengänge, die wie von der Natur vorgegeben wirken.

Unglücklicherweise haben sich die Zeit, der Zeitgeschmack, die Materialien selbst und auch das Wetter negativ auf die Parkarchitektur ausgewirkt. Während der Jahrzehnte, in denen man Gaudís Arbeiten ignorierte und sich nicht um sie kümmerte, wurde der Stein durch Erosion und den üblichen Verschleiß beschädigt. Die Stützen selbst waren noch intakt, doch einige der über ihnen liegenden Balkons begannen abzubröckeln und sogar auseinander zu fallen. Wahrscheinlich hätten viele oder alle Schäden vermieden werden können, wenn der Park wie von Gaudí vorgesehen vollendet und gepflegt worden wäre. Die Restaurierungsarbeiten der letzten Jahrzehnte, die sich bis heute hinziehen, haben die Balkons so wiederhergestellt, wie Gaudí es geplant hatte.

BELLESGUARD *1900–1902*

Courtesy Oronoz

DIE *Torre Bellesguard*, für Doña Maria Sagués, die Witwe eines von Gaudís Bewunderern erbaut, ist in gewissem Sinne eine Anomalie. Sie gehört zu Gaudís späteren Gebäuden und zu der Gruppe derjenigen in oder um Barcelona, wenn sie auch weit vom Stadtzentrum entfernt ist und große stilistische Unterschiede zu den Bauten in der Stadt aufweist. Heute steht es fast auf der Kuppe des Tibidabo-Hügels im Schatten von Norman Fosters aufregendem speerförmigen Sendeturm, der Torre de Communicaó de Collserola. Bemerkt werden muss auch, dass das Gebäude zwar tatsächlich einen Turm enthält, das katalanische Wort „torre" jedoch gewählt wurde, weil es einen in der Regel auf dem Land gelegenen zweiten Wohnsitz bezeichnet.

Seiner Entstehungszeit und Lage zum Trotz kehrt sich *Bellesguard* von den bevorzugten Stilen dieser Werkphase ab und kehrt zur Neogotik von Gaudís Palästen in Nordspanien zurück. In vielfacher Hinsicht kann er als das patriotischste und katalanischste Projekt Antoni Gaudís gelten. Grund hierfür ist das Areal, auf dem es errichtet wurde.

Das Haus von Doña Sagués wurde auf dem Grundstück – genau genommen auf den Ruinen – eines Sommersitzes erbaut, der im 15. Jahrhundert für König Martí I., der den Beinamen „der Menschliche" trug, errichtet worden war. Dieser war der letzte König des mittelalterlichen Kataloniens und wurde in Barcelona und im ganzen Land als Kämpfer für das Gute verehrt. Martí I. erbaute sein Sommerhaus an diesem Platz, hoch oben in den Hügeln über der Stadt, da dieser einen *bell esguard* bot – einen „schönen Blick" auf die Stadt, den Hafen und das Meer.

BELLESGUARD

DAS EINGANGSTOR

Courtesy Oronoz

DAS Tor, das den Eingang zur *Torre Bellesguard* schützt, birgt den ersten Hinweis auf ein recht schwer verständliches architektonisches Thema, das sich im gesamten Besitz ständig wiederholt; schwer verständlich nicht zuletzt deshalb, weil durch die hohen Umfassungsmauern von außen nur ein kleiner Teil des Anwesens zu sehen ist. Die Schnörkel der Schmiedearbeit im Stil des Art nouveau, die sich in früheren Metallschmiedearbeiten Gaudís zu Stacheln und Reptilienzacken bogen, gehen hier in eine Art Angelhaken und in eine Bildlichkeit über, die so umständlich ist, dass sie schon als Code verstanden werden könnte.

Der Eingang von *Bellesguard* öffnet sich auf das Gelände, auf dem sich ursprünglich das Sommerhaus Martís des Menschlichen befand. Der Hauseingang wird von zwei Mosaikbänken flankiert, deren Rückenlehnen einen Haifisch, *tiburó*, mit vier roten Streifen zeigen – die Streifen der katalanischen Flagge, die vom Blut Wilfried des Haarigen befleckt wurde, erscheinen hier in voller Farbenpracht.

Diese Kombination von Symbolen ist möglicherweise eine Anspielung darauf, dass die mittelalterlichen katalanischen Könige über das westliche Mittelmeer herrschten, eine Vormachtstellung, die unter Martí I. ihren Höhepunkt erreichte. Es verwundert angesichts dessen nicht, dass Gaudís Tor, das diesen kleinen Ausschnitt der katalanischen Geschichte zum Ausdruck bringt, mit den Enterhaken der Flotte Martís I. verteidigt wird.

BELLESGUARD

DIE INNENRÄUME

Courtesy Oronoz

MEHRERE gegensätzliche Architekturstile kennzeichnen *Bellesguard*: Während das Äußere des Hauses eine romantisierende Neogotik anstrebt, sind die Innenräume sanfter und präsentieren eine ruhigere Spielart des arabischen und des Mudéjarstils früherer Gebäude wie etwa der *Casa Vicens* und *El Capricho*. Die typischen Gaudí-Bögen wurden in das Dachgeschoss verbannt, wo sie das eindrucksvolle, der nördlichen Kunst entstammende Dach stützen; die Wohnräume der unteren Stockwerke sind verputzt und in einem Cremeweiß gestrichen. Dem Mudéjarstil entnommene Bögen und Gewölbe wurden aus rein dekorativen Gründen in die Gesellschafts- und die Verbindungsräume eingesetzt und scheinen sich in fast organischen Ausbuchtungen hervorzuwölben, so als wollten sie ihre Sympathie mit dem zur gleichen Zeit entstandenen und fast in der Nachbarschaft gelegenen *Park Güell* bekunden.

Außenbau und Innenräume der *Torre Bellesguard* unterscheiden sich vehement voneinander. Der Außenbau mit seinen Türmen, gotischen Fenstern und mittelalterlichen Zinnen sollte das Gebäude und das ganze Anwesen mit der katalanischen Legende von Martí I. in Beziehung setzen; die Innenräume entsprechen mit ihren Mauern, Decken, Bögen und anderen Elementen jedoch einer zurückgenommenen Version der fast gleichzeitig entstandenen *Casa Batlló*.

In vielfacher Hinsicht gehört die *Torre Bellesguard* zu den originellsten Gebäuden Gaudís. Er entlehnte Motive aus einer Vielzahl von Stilen und wandte diese Stilrichtungen auf ein komplexes Programm religiöser und katalanischer Symbolik an, von dem ein Freund Gaudís sagte, dass es sowohl den Architekten als auch das Gebäude zu „den katalanischsten der Katalanen" machte.

BELLESGUARD

DIE TURMSPITZE

Courtesy Oronoz

BEI der Betrachtung bestimmter Details von *Bellesguard* ist es hilfreich, sich andere, gleichzeitige entstandene Projekte Gaudís vor Augen zu führen. Zwei Jahre zuvor hatte er die *Colònia Güell* begonnen, die „didaktische“ Ostfassade der *Sagrada Família* mit der Geburt Christi war fast vollendet und die Arbeiten am *Park Güell* ebenfalls in Angriff genommen.

Bellesguard kann als ein Kompendium von Bezügen auf das Mittelalter gedeutet werden – von vorn gesehen ähnelt es einem kleinen gotischen Haus, das in die Höhe gezogen wurde (während es gleichzeitig Anklänge an die Pförtnerloge im kaum zwei Kilometer entfernten *Park Güell* aufweist). Das dreidimensionale Kreuz, zuerst im *Colegio de Santa Teresa* zu sehen und dann eines der typischen Motive in Gaudís Werk, findet auch hier mit einem zusätzlichen Querbalken Verwendung. Es ist sozusagen eine „nüchterne“ Version des kreuzbekrönten Turms am Eingang des *Park Güell*, in dem einige Kunstwissenschaftler einen Elefantenrüssel erkannt haben. Auf der Turmspitze entzündet Gaudí ein Lichtermeer – das vielleicht ganz wörtlich als Leuchtfeuer gemeint ist. Das dreidimensionale Kreuz ist mit strahlend roten und weißen *trencadís* verkleidet – und für die, die es deuten wollen, bereits aus diesem Grunde symbolisch – und stützt sich auf einen gelben Zylinder mit roten Streifen, die katalanische Flagge, welche sich, wie oben beschrieben, auch unten am Haus findet.

Äußeres und Inneres der *Torre Bellesguard* sind, stilistisch und hinsichtlich ihres Gesamteindrucks, äußerst unterschiedlich. Niemand könnte sich vorstellen, dass in diesem gotischen Schrein sanfte, warme Farben und fantastische Formen zu finden sind.

GAUDI
JOSE BASCONES
JOAQUIN BATLLE
JORGE FIGUERAS
ALBERTO INIESTA
RAFAEL LLABRES
ENRIQUE LLIMONA
RAFAEL POMAR
MANUEL RIBAS

BELLESGUARD

DIE INNENRÄUME

Courtesy Oronoz

DER Mudéjarstil, die arabische Baukunst und auch die weich und fast fleischlich anmutenden Mauern sind in der *Torre Bellesguard* eingesetzt, um etwas zu verbergen: Elemente wie diese setzte Gaudí häufig ein, wenn er ganz banale, funktionale Bestandteile wie Lüftungsschächte und Lichtquellen verbergen musste. Hier zeigt sich erneut seine schon erwähnte Aufmerksamkeit für das prosaischste Detail, die sich gegen das Primat der Form über die Funktion wendet: Die Form wird der Funktion angepasst.

Besonders bemerkenswert ist jedoch die Tatsache, dass es Gaudí gelang, all diese widersprüchlichen Stile zu einer Einheit zu verschmelzen – das Mittelalter, das Maurische, das Organische dieser Stile. Darüber hinaus entwickelte er hier das wohl komplexeste Symbolprogramm seines Werks, sieht man einmal vom Außenbau der *Sagrada Família* und dem *Park Güell* ab. Während *Bellesguard* den Anforderungen der katalanischen und religiösen Symbolik genügt, ist sein Inneres ein schon fast intimer, privater Raum, von Licht erfüllt und beruhigend. Im Spiel zwischen Innen und Außen gelingt es Gaudí sogar, mit den dramatisch übertriebenen Perspektiven eine humorvolle Note aufzunehmen. Ein Teil des Verdienstes für die Gestaltung der Innenräume muss Gaudís Arbeitskollegen Doménec Sugrañes zugeschrieben werden, der sie vollendete und einen großen Teil der Fliesen und Details sowie die abschließenden Leisten der Lambris beisteuerte.

BELLESGUARD

BÖGEN UND DACHKONSTRUKTION

Courtesy Oronoz

INNERHALB der *Torre Bellesguard* ließ Gaudí das schöne Ziegelmauerwerk im Dach- und Kellergeschoss frei und folgte hierin seiner Philosophie einer „ehrlichen" Verwendung von Materialien und Formen. In den Wohnräumen führte er jedoch eine Technik ein, die er bereits an den Decken der Pavillons der *Finca Güell* erprobt hatte und an denen der *Casa Milà* vollenden sollte: Er bedeckte die meisten Innenmauern, -säulen und -bögen mit einer glatten Haut aus reinem weißem Putz und glättete jede schärfere Kante oder Ecke, um dem Inneren eine fast seidenartige Textur zu verleihen.

Die Fliesen und Abschlussleisten der Lambris wurden von Sugrañes entworfen, die exquisiten bunten Glasfenster sind aber von Gaudí selbst. Er wählte jedoch kein traditionelles religiös motiviertes Bild, sondern widmete die Buntglasarbeit Venus, der Göttin der Liebe. Allerdings ist nicht bekannt, wie dieses im vollendeten Zustand ausgesehen hätte: Das Fenster war bei Gaudís Abbruch der Arbeiten am Haus der einzige unvollendete Bestandteil.

Angesichts des mittelalterlichen Dekors des Außenbaus (mit seinen Bezügen auf Zinnen und Befestigungen, die das kostbare Innere des Hauses schützen) könnte das Venusfenster als unpassend empfunden werden – nicht zuletzt in einem Haus, das von einem asketischen und wahrscheinlich zölibatären Architekten für eine Witwe entworfen wurde. Möglicherweise handelte es sich bei dem Fenster auch um einen Wunsch der Auftraggeberin. Es ist jedoch recht wahrscheinlich, dass darin ein weiterer Hinweis auf die katalanische Geschichte verborgen ist: 1409 war *Bellesguard* der Schauplatz der Heirat von König Martí I. mit Margarida de Prades gewesen.

CASA BATLLÓ, PASSEIG DE GRÀCIA *1904–1906*

Courtesy Paul Rafferty/Arcaid

MIT Gaudís erstem Haus am Passeig de Gràcia war die Zeit der Zurückhaltung vorüber. Die geschmeidigen, tierähnlichen Formen, die Hinweise auf Knochen und Skelette und die ohne Einschränkungen verwendeten schillernden Farben verschmolzen zu einer Synthese von Gaudís architektonischen Obsessionen, die den Betrachter noch heute ganz benommen macht. Die *Casa Milà* wird als seine größte Leistung auf dem Gebiet der Profanarchitektur angesehen, doch es war die *Casa Batlló*, in der er seiner Vorstellungs- und Erfindungskraft freien Lauf ließ.

Die *Casa Batlló* wurde für einen der reichen Baumwollbarone Barcelonas entworfen. Josep Batlló i Casanovas begehrte eine *nueva casa*, die sich mit den anderen erstaunlichen Gebäuden messen konnte, welche in diesem reichen Teil von Barcelonas Eixample entstanden. Tatsächlich bewohnte Batlló das Gebäude bereits, das bei seiner Erbauung dreißig Jahre zuvor als das langweiligste Wohnhaus in ganz Barcelona bezeichnet worden war. Er erteilte Gaudí den Auftrag, dessen einfaches kastenartiges Äußeres und die Innenräume neu zu gestalten. Der Baumwollbaron wird kaum in der Lage gewesen sein, zu ermessen, welch ungeheuerliche Schönheit dieser langweiligen Puppe entschlüpfen sollte.

Man möchte sich die Lust ausmalen, mit der Gaudí dieses typische, langweilige, formelle Heim eines Industriemagnaten in eine so fantastische, märchenhafte Umgebung verwandelte. Seine freudige Reaktion, als jemand es wagte, das Haus mit Hänsels und Gretels Pfefferkuchenhaus zu vergleichen, ist deshalb nicht erstaunlich. Dieser Aspekt seines Werks war vorher offensichtlich übersehen worden, und für Gaudí war es anscheinend erfreulich, für seine kindliche, spielerische Art Anerkennung zu erfahren.

CASA BATLLÓ

DIE FASSADE BEI TAG

Courtesy Paul Rafferty/Arcaid

DIE *Casa Batlló* war ursprünglich ein konventionelles rechteckiges Gebäude, in dem sich der gleiche Grundriss auf allen sechs Stockwerken und unter dem Dach mehr oder weniger wiederholte. Gaudís Verwandlung dieser Architektur ist deshalb umso bemerkenswerter. Die knochigen und gliederhaften Formen, die aus seinen anderen Gebäuden nur vorsichtig herauslugen, erscheinen nun sehr deutlich, bis hin zu den elefantenhaften „Beinen", auf denen das Gebäude sich der Straße zuwendet. Hier stellte sich Gaudí ein weiteres Mal mit voller Absicht gegen die Vorgaben der Stadt und schob die schwerfälligen Glieder um mehr als einen halben Meter hinaus auf die Straße.

Die Fensterrahmen bewahren noch leise Anklänge an den Art nouveau, doch verleihen ihnen die mit Gelenken versehenen, knochenartigen mittleren Stützen eine menschenartige Gestalt. Knochenformen in den Horizontalen zwischen den Stockwerken – welche Scheidewand, Augenbraue oder Schlüsselbein ähneln – verstärken das Anthropomorphe. Diese Effekte werden auf der Fassade mit zunehmender Höhe immer stärker, bis wir die erstaunliche Metamorphose auf dem Dach erreichen, wo uns Gaudís Dinosaurier, von dem wir in seinen früheren Gebäuden nur einen Blick erhaschten, in seiner ganzen Pracht erwartet.

Die katalanischen und religiösen Themen Gaudís sind an den Außenwänden dieses Gebäudes nahezu verschwunden (sie sollten aber im Inneren mit großem Nachdruck wieder auftreten). Es scheint fast, als habe der Architekt seine ästhetischen und kulturellen Obsessionen beiseite gelegt, um mit dieser Übung in Extravaganz seinen Kritikern entgegenzutreten.

CASA BATLLÓ

DIE FASSADE BEI NACHT

Courtesy Alex Bartel/Arcaid

BEI Nacht zeigt die Fassade der *Casa Batlló*, was in ihr steckt. Der Unterschied zwischen der Tages- und der Nachtansicht – die erste voll ungezügelter Fantasie, die zweite eindeutig böswillig – ist so stark, dass sie zwei vollkommen unterschiedlichen Gebäuden angehören könnten. Die Innen- und Außenbeleuchtung verleiht den Tierbalkons ein harte und sogar Angst einflößende Plastizität.

Man sagt, die oberen Balkons würden den Schädeln kleiner Tiere ähneln – Katzen oder Füchsen, vielleicht sogar Fledermäusen –, und die Nachtansicht scheint zu suggerieren, das eine ganze Schar der Letzteren im Formationsflug auf den Betrachter hinabfliegt. Sie kann nur Böses im Schilde führen. Von dem Drama der Balkons abgelenkt, übersieht das Auge nur allzu leicht die Effekte in der Textur der Fassade. Zwischen den Tierbalkons scheint sich die Oberfläche des Gebäudes zu kräuseln, wie Muskeln und Haut über Spuren von Knochen.

Ob bei Tageslicht oder nächtlicher Beleuchtung – die Fassade vermittelt den Eindruck, als sei das Haus ein lebendiger, empfindender Organismus, der in der Lage ist, sich zu bewegen und sich zu verteidigen, möglicherweise sogar anzugreifen. In seinen früheren Gebäuden spielte Gaudí schon so oft auf den Drachen an – hat er ihn am Passeig de Gràcia losgelassen?

CASA BATLLÓ

DIE TIERBALKONS

Courtesy Richard Bryant/Arcaid

DEM Monster der Hausnummer 43 gab Josep Maria Jujol ein Antlitz, das an einen Kobold oder eine Märchenfigur aus Edmund Spensers *Faerie Queene* oder eine von Shakespeares geheimnisvollen Märchenfiguren erinnert – vielleicht an den Ariel. Das Fleisch der *Casa Batlló* glitzert. Die *trencadís*-Mosaiken, welche die schimmernde Membran über dem Skelett des Hauses bilden, sind die zartesten, die Jujol bis dahin geschaffen hatte. Diesmal verwendete er neben den zerbrochenen Fliesen Glas und farbige Scheiben, die von den Kreisformen im Glas der Erdgeschossfenster aufgenommen werden. Die Mosaiken sind vollkommen abstrakt, doch nicht um der bloßen Abstraktion willen: Auf diese Weise sollte die von Gaudí angestrebte Struktur erzielt werden. Und dennoch passiert offenbar noch etwas anderes, vor allem in den farbigen Scheiben, die nicht nur auf Julian Schnabels „Geschirrkunst" der 1980er-Jahre vorauszuweisen scheinen, sondern auch vage Spuren anderer Farben enthalten. Ähnliches wiederholt sich in deutlicherer Form in den Innenräumen der *Casa Milà*, deren Farbkombinationen den Gemälden Monets und der französischen Impressionisten entlehnt zu sein scheinen.

Die religiöse Bildlichkeit wurde so abgeschwächt, dass sie nurmehr unterschwellig vorhanden ist. Wie in den halb verdeckten religiösen Bildern und Texten der oberen Stockwerke tritt ihr Symbolgehalt nur in den auf der Fassade verteilten Details hervor. Der Steinpelikan, der auf dem untersten der drei rechten Balkons wie auf einer Stange sitzt, scheint im Begriff, zur *Sagrada Família* zu fliegen, wo er in der Lebensbaumgruppe – Symbol für den Heiligen Geist und die Auferstehung – erscheinen wird.

CASA BATLLÓ

DACH UND TURM

Courtesy Richard Bryant/Arcaid

WENN das Dach die Höhle des Drachen ist, ist daran besonders bemerkenswert, dass einige seiner interessantesten Teile dem Blick entzogen sind. Dies beweist erneut, dass Gaudí einige der erzielten architektonischen Effekte als persönliche Launen oder Spielereien ansah. Der bucklige Riese ist auf der einen Seite gepanzert wie ein Gürteltier (Gaudí wollte, dass die grünen Ziegel wie ein aufgewühltes Meer aussehen), auf der anderen Seite mit *trencadís* bedeckt, die in nuancenreichen weißen und orangefarbenen Tönen glänzen. Das Rückgrat ist mit knolligen grünen und blauen Rückenwirbeln gepunktet, während die sich schlängelnde Grenzlinie von Dach und Fassade mit Zacken aus Saurierknochen und Gelenken besetzt ist.

Es scheint, als habe Gaudí, der bei seinen Gebäudeplänen stets improvisierte, sich dazu entschieden, eine seiner religiösen Anspielungen auf der unzugänglichsten Stelle des Gebäudes zu platzieren (sie ist tatsächlich fast unsichtbar: Man kann sie nur durch ein Fernglas sehen). Der Turm auf der linken Dachseite endet in einem Gebilde, das wie eine Knoblauchknolle aussieht. Er wird von dem für Gaudí typischen Kreuz mit vier Querbalken bekrönt, Initialen der heiligen Familie finden sich auf der Turmfassade. Gaudís Absicht aber wird nicht deutlich. Derartige Botschaften waren zwar in seinen „ernsthafteren" Gebäuden – sogar in der *Casa Milà* – üblich, doch hier vertragen sie sich nicht mit den halluzinatorischen Übertreibungen der Hausfassade. Es ist möglich, dass der in dieser bizarren Architektur schwelgende Gaudí betonen wollte, dass in der Religion auch Humor, Fantasie und das Absurde ihren Platz finden.

CASA BATLLÓ

DIE SCHORNSTEINE

Courtesy AISA

GAUDÍ setzte seine eigentümlichen Tarnmanöver in den Schornsteinen und den Ausgängen der Lüftungsschächte der *Casa Batlló* fort. Die Verkleidung der Letzteren war notwendig geworden, weil sich die märchenhafte Architektur einer – im Barcelona der damaligen Zeit noch fast unbekannten – Zentralheizung und anderer hochmoderner Hilfsmittel rühmen konnte. Wiederum sind diese dem Blick entzogen und fast vollständig hinter dem Rücken des Dinosauriers versteckt. Auf dem Dach gibt es zwei Gruppen von Schornsteinen und Lüftungsschächten, welche die *espantabrujeras* von *El Capricho* und anderen Gebäuden Gaudís variieren. Diese pfeilerähnlichen Strukturen sind mit puzzleartigen, abstrakten *trencadís*-Mosaiken bedeckt, und die Köpfe der „Hexenabwehrer" tragen sonnenblumen- oder maskenartige Muster. Joan Bergós i Massó, der langjährige Mitarbeiter Gaudís, entdeckte etwas Faszinierendes in einer der beiden Schornsteingruppen: Sie erheben sich nicht direkt vertikal in die Höhe, sondern verlassen das Dach zunächst in einem Winkel von 45 Grad. Eine andere faszinierende Exzentrizität des Ingenieurs Gaudí besteht nun darin, sagt Bergós, dass die aufsteigenden Pfeiler die spiralförmige Drehung der Säulen reproduzieren, die wir in Gebäuden wie dem *Colegio de Santa Teresa* sehen. Dort wurden flache rechteckige Ziegel so aufeinander gelegt, dass sich die Säule wie eine zylindrische Spirale nach oben dreht. Die *espantabrujeras* auf dem Dach der *Casa Batlló* haben nach Bergós dieselbe spiralartige Drehung wie Flammen und Wirbelwinde, was nahe legt, dass Gaudí ein weiteres Mal auf die Alchemie, das Wetter und die Natur anspielte, die er in den Ziegeln und Fliesen verdinglichte.

CASA BATLLÓ

DIE INNENRÄUME

Courtesy AISA

GAUDÍ gewährte dem Dinosaurier auch Einlass in das Hausinnere. Sein höckriges Rückgrat verläuft entlang der Treppe ins erste Obergeschoss, die zur Wohnung der Familie Batlló führte, und seine Knochen brechen aus den inneren Mauern hervor. Wie die Mauern in der *Torre Bellesguard* wurden diese durch den Putz und Farbe geglättet und ähneln Hautflächen oder verwehtem Sand, was den Eindruck vermittelt, dass man sich in einem lebenden Organismus aufhält. Viele der dekorativen Elemente in den Innenräumen – Türen, Rahmen, Gucklöcher, Wände und Decke, Trennwände und anderes mehr – stellen, wenn auch Anklänge an vegetabile Formen vorhanden sind, Variationen von Gaudís sich immer stärker verändernden Bezügen auf den Art nouveau dar.

Auf den ersten Blick scheint es, als habe sich Gaudí hier von vielen der auf die katalanische Kultur bezogenen Themen in seinem Werk abgewendet. Doch an einer bestimmten Stelle im Zentrum des Hauses erscheint das Katalanische erneut und mit besonderem Nachdruck. Ein Kamin im ersten Obergeschoss hat eine Form, die an einen Pilz im Stil des Art nouveau oder an einen Mund von der Treppe des *Park Güell* erinnert. Sein Erscheinen in einem mit einer hochmodernen Zentralheizung ausgestatteten Haus lässt jedoch vermuten, dass Gaudí auf den *llar de foc*, die Feuerstelle im Herzen des Heims der katalanischen Familie, der *casa pairal*, anspielt, die selbst eines der Kernsymbole der katalanischen Kultur ist. In seinem Buch *Barcelona* erläutert Robert Hughes, dass die *casa pairal* für das katalanische Selbstverständnis wichtiger war als für den Engländer, dessen *home* bekanntermaßen sein *castle* ist.

CASA MILÀ (LA PEDRERA), PASSEIG DE GRÀCIA

1906–1910

Courtesy Colin Dixon/Arcaid

SO schnell er das Feuerwerk am Passeig de Gràcia 43 entzündet hatte, löschte Gaudí es auch wieder. Sein nächstes Projekt, die Hausnummer 92, sollte fast schneeweiß und der Jungfrau Maria gewidmet sein. Man hat sich manchmal gewundert, warum Gaudí, der gerade die *Casa Batlló* erbaut hatte und von der *Sagrada Família* mehr und mehr in Anspruch genommen wurde, einen weiteren Auftrag annahm. Es ist recht wahrscheinlich, dass ihn das Ausmaß des Projekts interessierte – es umfasst eigentlich zwei Häuser, die eine ganze Straßenecke einer wichtigen Kreuzung einnahmen, und sollte sein umfangreichster Profanbau werden. Es ist ebenfalls möglich, dass er der Gelegenheit, ein weiteres der Verehrung der Jungfrau Maria gewidmetes Gebäude zu errichten, nicht widerstehen konnte.

Die *Casa Milà*, die von den Medien und geistreichen Köpfen der Kaffeehäuser schon bald den Spitznamen „La Pedrera", der Steinbruch, erhielt, war für den Geschäftsmann Pere Milà Camps und dessen Frau Rosario Segimon Artells errichtet worden. Der ursprüngliche Auftrag an Gaudí war jedoch von dem vormaligen Eigentümer eines von zwei auf einem gemeinsamen Grundstück gelegenen Häusern erteilt worden.

In diesem Haus Gaudís sollten wir dem Dach und seiner Silhouette besondere Aufmerksamkeit schenken, nicht zuletzt deshalb, weil der Architekt die in diesem Bezirk geltenden Höhenbegrenzungen ein weiteres Mal bewusst ignorierte, und, wie bei der Nummer 43, das Haus auf die Straße vorschob. Als die *Casa Milà* erbaut wurde, war Barcelona eine Stadt, in der es nur wenige hohe Gebäude gab. *La Pedrera* war das höchste Gebäude in diesem Bezirk und verfügte über eine gute Sicht auf die *Sagrada Família*.

GIACOME

CASA MILÀ (LA PEDRERA)

DIE FASSADE AN DER STRASSENECKE

Courtesy Colin Dixon/Arcaid

UNGEWÖHNLICH sind sowohl die Position der *Casa Milà* als auch ihre Gestalt. Als der Stadtplaner Ildefons Cerdà die Eixample plante, sah er viele öffentliche Anlagen vor und ließ die Ecken der Straßenkreuzungen abfasen – d. h., ihre Spitzen wurden diagonal abgeschnitten, was jedem Straßenblock die Form eines unregelmäßigen Oktogons verlieh. Dies machte die Kreuzungen weiträumig und hell und verbesserte die Sicht für die Verkehrsteilnehmer, als Autos auf den Straßen Barcelonas erschienen. Die *Casa Milà* steht an einer solchen abgefasten Ecke und hat drei Straßenfronten – eine Form, die sich bestens dafür eignete, in ihrer Mitte einen großen Hof oder Luftschacht zu schaffen.

Gaudí setzte hier verstärkt auf den Einsatz bereits vorgefertigter Elemente und produzierte eine Konstruktion, die man schon fast als eine historische Variante moderner nichttragender Fertighausmauern bezeichnen könnte. *La Pedrera* hat keine tragenden Wände: Fassade, Fußböden und Innenmauern sind an einem schlanken Trägerskelett aufgehängt, das es Gaudí und den Hausbewohnern ermöglichte, die Innenräume beliebig zu verändern. Gaudí sagte sogar, dass diese Flexibilität es möglich machen würde, das Haus eines Tages in ein Hotel zu verwandeln. (Heute beherbergt es eine Galerie, ein Büro und Museumsräume und wird von der Kulturstiftung der Caixa Catalunya verwaltet.)

CASA MILÀ (LA PEDRERA)

SEITENANSICHT MIT BLICK AUF DIE SAGRADA FAMÍLIA

Courtesy of Colin Dixon/Arcaid

ES sieht zwar nicht so aus – doch *La Pedrera* ist ein weiteres unvollendetes Gebäude Gaudís, was möglicherweise auf eine Meinungsverschiedenheit mit den Eigentümern über eine Rechnung zurückzuführen ist.

Gaudí hatte das Gebäude mit einer großen (jedoch nicht überdimensionierten) Skulpturengruppe der Jungfrau Maria und der Heiligen Familie bekrönen wollen. Ein weit verbreitetes Gerücht machte hier aus der Mücke einen Elefanten, und man behauptete zudem, dass das Haus, wie ein Eisberg, mehr unterirdische als oberirdische Teile habe (es hat ein bescheidenes Untergeschoss, in dem sich ein gut durchdachter Raum für Leitungsrohre und Versorgungsschächte befindet, mehr jedoch nicht). Das Erscheinungsbild des Hauses ist etwas ganz und gar Konstruiertes – eigentlich eher eine Verkleidung –, doch man hat in die Fassade alles nur Erdenkliche hineingelesen, von Bienenwaben über afrikanische Felswohnungen bis zu Seelandschaften.

Während der Bauzeit veröffentlichten die Zeitungen Barcelonas Karikaturen, auf denen vorgeschlagen wurde, dass es eine Garage für Zeppeline oder ein Vivarium für Riesenschnecken werden sollte. Der französische Premierminister Georges Clemenceau wunderte sich nach einem Besuch der Stadt angeblich, dass man in Barcelona „Häuser für Drachen baut"! Vermutlich hatte sich Gaudí die katalanische Landschaft zum Vorbild genommen, entweder die Fra-Guerau-Schlucht in der Nähe von Tarragona, die Felsschlucht Torrent de Pareis im Norden Mallorcas oder die Klippen und Steinbrüche von Garraf.

Casa Milà (La Pedrera)

Die Balkons

Courtesy Richard Bryant/Arcaid

ES sind die Balkons der *Casa Milà*, die den Eindruck von Klippen, Wellen oder Bienenstöcken hervorrufen, und das, obwohl sie erstaunlich einförmig sind. Tatsächlich hat die Fassade, wenn man sie in ihrer ganzen Länge betrachtet, einen genau durchdachten und praktisch symmetrischen Aufriss. Ihre sich schlängelnden Windungen eignen sich gut dazu, innezuhalten und Gaudís Stellung in seiner Zeit zu betrachten.

La Pedrera entstand zu etwa derselben Zeit wie Domènech i Montaners ausgefallener Palau de la Música Catalana und andere wichtige Gebäude der *modernistas*. Während der Bauzeit kämpfte ihre „ältere" Schwester, die *Casa Batlló*, im „Block der Zwietracht" etwas weiter unten auf der Straße, mit einem anderen Gebäude von Domènech i Montaner und einem von Josep Puig i Cadafalch um die Vorherrschaft. Gaudí ist oftmals mit diesen *modernistas* und ihrer hoch stilisierten Architektur verglichen worden, doch die wogenden Steinfelder der *Pedrera* sind mit den verrückten Zinnen und Schnörkeln des *modernisme* in keinster Weise verwandt. Den *modernistas* war der Stil eines Gebäudes wichtiger als seine Funktion, Gaudí hingegen sah alle Aspekte des Gebäudes als Teil eines organischen Ganzen an. Und abgesehen von einigen Höhlenwohnungen in den Mittelmeerländern gibt es in ganz Europa kein Gebäude, das der *Pedrera* ähnelt.

Es ist in gewisser Weise unfair, Gaudí mit seinen Zeitgenossen zu vergleichen – sein Werk ist einfach nicht von dieser Welt. Dies ist ungezähmte Architektur, die zu ihren Wurzeln zurückgekehrt ist. Dies ist Architektur – wie es Gaudí an anderer Stelle andeutete –, die sich langsam auflöst.

CASA MILÀ (LA PEDRERA)

DIE BALKONS, DETAIL

Courtesy Colin Dixon/Arcaid

DIE Monumentalskulptur auf dem Dach war keineswegs der einzige Bestandteil des Hauses, auf den man verzichtete, als Gaudí die Arbeiten an der *Casa Milà* einstellte. Einzelheiten der Innenausstattung, darunter Malerarbeiten und Details der Möblierung, wurden ebenfalls nicht fertig gestellt. Interessant ist jedoch insbesondere, dass auch den Balkons nicht der letzte Schliff gegeben werden konnte. *La Pedrera* ist als ein dem Stein und der katalanischen Landschaft gewidmetes Denkmal gedeutet worden. Tatsächlich beabsichtigte Gaudí, die Fassade mit Pflanzen zu beranken. In seinen Plänen finden sich komplizierte Pflanzbehälter für die Balkons, und er hatte sogar ein automatisches Bewässerungssystem vorgesehen. Wenn seine Pläne verwirklicht worden wären, wäre die *Casa Milà* zu einer lebenden Landschaft im Herzen der Stadt geworden.

Unterhalb der Begrünung hätte die Architektur erscheinen sollen, als ob sie sich durch Wind- und Regenerosion auflöst – Gaudí bezog die Witterungsbedingungen und selbst die zu vermutenden Auswirkungen von Schädlingen wie Pilzen und Mikroben in seine Überlegungen ein. Der Stein wäre durch das Wetter zwar nicht spürbar verändert worden (die Luftverschmutzung hätte die Fassade allerdings innerhalb von wenigen Generationen geschwärzt), doch Gaudí initiierte einen Verfallseffekt, den er schon in der *Casa Batlló* erprobt hatte und der in noch größerem Umfang in der *Sagrada Família* auftreten sollte. Seine Entwürfe für die Schmiedearbeiten der Balkons der *Casa Milà* zeigen pflanzliches Leben in unterschiedlichen Stadien des Verfalls.

CASA MILÀ (LA PEDRERA)

DIE DACHLANDSCHAFT

Courtesy Richard Bryant/Arcaid

DAS Dachgeschoss der *Casa Milà* enthält eine weitere Überraschung, ein Labyrinth von Kettenbögen, die sich in einem fast hypnotisierenden Rhythmus wiederholen. Diese eigentlich für das Frühwerk Gaudís typische Bogenform sollte die niemals errichtete Dachskulptur stützen. Zugänge aus dem Dachgeschoss, Schornsteine und die Ausgänge von Lüftungsschächten bereichern die Dachlandschaft, doch ist diese weniger Aufsehen erregend als diejenige des *Palau Güell*, des *Park Güell* oder der *Casa Batlló*. Es ist wahrscheinlich, dass das Dach für die Marienskulptur mehr oder weniger frei gelassen und erst gestaltet wurde, als diese aufgegeben worden war.

Das Gerücht über die Proportionen der geplanten Statue hat einen Mythos über die *Casa Milà* genährt: die Vermutung, dass die Statue (von der bereits eine maßstäbliche Maquette angefertigt worden war) deshalb nicht vollendet wurde, weil die Eigentümer befürchteten, dass sie eine Reaktion der antikirchlichen Gruppen der Stadt herausfordern würde. Dies spielte sich in der Folge des Arbeiteraufstands der *semana tràgica* von 1909 ab, der sich mit extremer Feindlichkeit gegen die Kirche gewandt hatte. Der Gaudí-Experte Joan Bassegoda i Nonell, Professor emeritus des Studienzentrums Cátedra Gaudí in Barcelona, betont in seinem Buch *La Pedrera de Gaudí*, dass die Statue deshalb nicht errichtet wurde, weil Señor Milà keine hohe Meinung von der Maquette hatte. Noch 1911, zwei Jahre nach der *semana tràgica*, verhandelte man höflich über die Statue, doch schließlich setzte sich Milà durch, und der Plan wurde ohne weiteres Aufsehen fallen gelassen.

CASA MILÀ (LA PEDRERA)

DACH UND SCHORNSTEINE

Courtesy Richard Bryant/Arcaid

MEHR noch als die Schornsteine des *Palau Güell* oder von *El Capricho* gebärden sich diejenigen der *Casa Milà* unverkennbar militärisch – sie scheinen sogar auf die imposanten Kopfskulpturen von Naum Gabo vorauszuweisen. Nur wenige von ihnen sind mit *trencadís* dekoriert worden, und dies ist fast monochrom gehalten, oder mehrfarbige Fliesen werden lediglich verwendet, um dem Objekt einen grauweißen Schimmer zu verleihen. Bei einigen Schornsteinen handelt es sich um unbehandelte Steine oder Beton, andere konstituieren sich aus aufgefundenen Materialien – Schutt und in einem Fall sogar Scherben leerer Sektflaschen, die angeblich von einem Fest auf dem Bauplatz zurückblieben. Dada scheint bereits in der Luft zu liegen.

Die Schornsteine sind auch bemerkenswert unterschiedlich. Einige von ihnen erinnern an Körper mit Rüstungen, andere, auf die gleiche Weise gruppierte, scheinen eine Deutung als Schauspieler eines auf dem Dach aufgeführten Dramas nahe zu legen. (Die Behauptung, die ganze Szene stelle die Flucht aus Ägypten dar, ist von Gaudí-Kennern zurückgewiesen worden. Diese machen darauf aufmerksam, dass das Ensemble erst vervollständigt wurde, als Gaudí die Arbeit an dem Gebäude schon aufgegeben hatte.) Einige der Schornsteingruppen winden sich in jener Spiralform, die Joan Bergós schon für das Dach der *Casa Batlló* vermerkte. Wenn Gaudí ihre Deutung als Allegorie beabsichtigte, so hat er keinerlei Hinweise hinterlassen. Es ist ebenso gut möglich, dass der Architekt, der dieses Gebäude mit Talaiots, trügerischen Felslandschaften und *espantabrujeras* spickte, beabsichtigte, in ihnen ein Echo der bukolischen Landschaft der Fassade hervorzurufen.

CASA MILÀ (LA PEDRERA)

DER INNENHOF

Courtesy Richard Bryant/Arcaid

GAUDÍ übertrug das Thema des Verfalls auf die Metallschmiedearbeiten und weitere Details der Ausstattung im Hof der *Casa Milà*. Einem so kontroversen, aber dennoch populären Gebäude angemessen, lieferte die *Casa Milà* den Stoff zu einer weiteren modernen Legende, die das Innere des Hauses betrifft. Angeblich erzählte ein Taxifahrer seinem Fahrgast, dass Gaudí ein Wohnhaus baue, in dem die Leute direkt vor ihre Wohnungstüren fahren könnten, er selbst hätte einen Fahrgast dorthin gebracht. Dies führte dazu, dass *La Pedrera* schließlich als das erste befahrbare Haus der Welt bezeichnet wurde, was bei Humoristen und Karikaturisten vorhersehbare Konsequenzen hatte. (Der Satiriker Bruce McCall schlachtete in der Zeitschrift *Vanity Fair* einen ähnlichen Witz noch in den 1980er-Jahren aus.) Wenn die Geschichte auch nicht wahr ist – Gaudí hatte mit dem Gedanken zwar gespielt, ihn aber dann als nicht praktikabel verworfen –, so weist sie doch darauf hin, dass Gaudí unter der Oberfläche seines „Mittelaltertums“ ein durch und durch moderner Architekt und Ingenieur war.

Wie der *Palau Güell* hatte die *Casa Milà* einen Hof – genau genommen sogar zwei –, in den man entweder mit Kutschen oder Autos hineinfahren konnte. Denn tatsächlich fiel die Bauzeit mit dem Beginn des Autozeitalters zusammen, und der in der *Casa Milà* lebende Eigentümer eines Rolls-Royce überredete Gaudí, den Hof etwas zu vergrößern, damit er seine Luxuslimousine dort einparken konnte. Bewohner und Besucher gelangten entweder durch eine mit Glas überdachte oder über eine im Inneren gelegene Treppe zu den Aufzügen, mit denen allein man die oberen Stockwerke erreichen konnte.

CASA MILÀ (LA PEDRERA)

DER INNENHOF

Courtesy Colin Dixon/Arcaid

DIE Blumenkästen und ein Hauch von Farbe an den *trencadís*-Fliesen auf dem Dach sollten die einzigen Farbakzente an der Straßenfassade der *Pedrera* sein, doch bei den oberen Stockwerken des Innenhofes entschied sich Gaudí wieder dafür, den Stein zu bemalen. Das Farbschema wurde von verschiedenen Künstlern umgesetzt, zu denen auch Ivo Pascual gehörte, der mit Gaudí bei der Restaurierung der *Kathedrale von Palma de Mallorca* zusammengearbeitet hatte. Die Farben sollten das in den Lichtschacht einfallende Sonnenlicht intensivieren (so wie das muschelartige Glasvordach, das die Eingangstreppe im Innenhof überspannt, um die winterlichen Regenfälle abzuhalten). Doch handelte es sich hierbei um eine weitere Laune Gaudís, denn wenn den Hausbewohnern auch das, was sie von den weiter unten gelegenen Einzelheiten der Farbgestaltung im Hof sehen konnten, wahrscheinlich gefiel, war vieles davon nur durch ein paar kleine Fenster in den Servicebereichen der oberen Stockwerke zu sehen, die hauptsächlich von der Dienerschaft bewohnt wurden.

Auf den steinernen Oberflächen finden sich Anklänge an Knochen oder Dünensand (was sich in den Innenräumen wiederholt), und die Farben changieren von kräftigen Lila- und Blautönen zu weichen rosa- oder orangefarbenen Nuancen. Weiter oben, zwischen den Fenstern des Hofes, erinnern die Farben und die Art ihres Auftrags an den Impressionismus. Fast scheint es, als hätten Gaudí und seine Maler ihrem Kollegen Claude Monet und seinem Garten in Giverny heimlich Tribut zollen wollen. Dieser Effekt sollte sich in den Innenräumen des Gebäudes fortsetzen und sich sogar verstärken.

CASA MILÀ (LA PEDRERA)

DIE DECKEN

Courtesy AISA

DIE *Casa Milà* ist von den Gebäuden Gaudís am leichtesten für Besucher zugänglich, doch ist es leider auch das Haus, bei dem die Gestaltungsweise Gaudís im Laufe der Jahre am meisten beeinträchtigt wurde. In den Dachgeschossen wurden Wohnungen untergebracht und im Tiefparterre der Straßenseite Ladenlokale eingerichtet. Mieter nahmen Änderungen vor, die dem Geist des Hauses nicht entsprachen, und die schlimmste Übeltäterin war wohl Doña Rosario, die nach dem Tod Gaudís heimlich einige Teile der Innenausstattung durch eine Verkleidung verbergen ließ.

Seinen Tiefpunkt erreichte das Gebäude wohl Anfang der 1980er-Jahre. Die Fassade war schwarz infolge von Luftverschmutzung, doch hat eine gewissenhafte Restaurierung *La Pedrera* inzwischen fast in ihren ursprünglichen Zustand zurückversetzt – insbesondere hinsichtlich der Oberflächen in den Innenräumen, auch wenn einige bauliche Einzelheiten für immer verloren sind.

Wie die Innenräume der Pavillons der *Finca Güell* und der *Torre Bellesguard* finden sich hier fein ausgeformte Stuckoberflächen, die den erstarrten Wänden üblicher Interieurs zuwiderlaufen sollten. Gaudí bestand darauf, dass plane Flächen in der Natur und auch in der Architektur nicht existierten. Entsprechendes lässt sich an den Zimmerdecken der *Casa Milà* gut beobachten, bei denen Wellen und Grate, die entweder vom Tageslicht oder von der elektrischen Beleuchtung hervorgehoben werden, an bewegte, miniaturhafte Wüstenlandschaften erinnern. Hier gibt es auch Hinweise auf die „sich auflösende“ Architektur des Außenbaus: feine, papierartige Schichten, die sich an einigen Stellen von den Decken ablösen, verfallen und verschwinden.

CASA MILÀ (LA PEDRERA)

SÄULEN IM HAUSINNEREN

Courtesy AISA

TROTZ der kongenialen Restaurierung konnten nicht alle Ausstattungdetails von *La Pedrera* wiederherstellen werden. Während die obere Wohnung im Stil der Zeit restauriert und unter anderem mit einigen Möbelstücken Gaudís eingerichtet wurde, sind weiter unten liegende Raumfolgen radikal verändert worden. Die Neuaufteilung des Grundrisses hat dazu geführt, dass einige Säulen sich nun in seltsamen Positionen wiederfinden und andere durch die Veränderungen einfach „verschluckt" wurden. Dennoch gehören die Innensäulen zu den bedeutendsten Arbeiten Gaudís in der *Casa Milà*. Seinen Kommentaren gegenüber Kollegen zufolge scheint Gaudí, als er diese entwarf, vegetabile Bilder und die Vorstellung einer verfallenden natürlichen Welt im Sinn gehabt zu haben: Einige gehen in gewellte, vielfarbige Decken über und erinnern an die Unterseite eines Gewächses, andere bestehen aus unbearbeitetem und an zahlreichen Stellen unregelmäßigem Stein, sind aber mit Zeichnungen und Fragmenten des der Jungfrau Maria gewidmeten Textes versehen, von dem Gaudí gehofft hatte, dass er das ganze Gebäude durchziehen würde. Weitere Säulen, insbesondere in den Nischen des Hofes, fließen in die Konturen von Decken ein und erinnern so an Stängel und pflanzliches Wachstum.

Wenn man Gaudís Vorhaben, einen Großteil des Bauprojekts Maria zu widmen, seine Bezüge auf die Landschaft im Inneren und seine Anspielungen auf Organisches sowohl im Äußeren als auch im Inneren betrachtet, hat es den Anschein, als habe er für das vollendete Gebäude ein christlich-pantheistisches Programm vorgesehen.

EIN VON GAUDÍ ENTWORFENES BETT *1908*

Courtesy AISA

WIE die von ihm gestalteten Stühle, Bänke und anderen Einrichtungsgegenstände ist Gaudís Bett – entworfen für einen Kunden und heute im Gaudí-Museum im *Park Güell* ausgestellt – sehr viel zurückhaltender als die gewagten Formexperimente seiner Gebäude. Die Häuser, oder zumindest deren Äußeres, scheinen das Produkt einer grenzenlosen Vorstellungskraft zu sein, bei seinen Möbelentwürfen diktierte hauptsächlich die Funktion die gewählte Form. Sein Mobiliar hatte eine Aufgabe zu erfüllen – der Person, die es benutzte, zu dienen –, und dieser Funktion gab er Vorrang gegenüber seinen Wünschen, die Entwürfe durch religiöse oder katalanische Themen zu bereichern.

Dennoch können wir in diesem Bett gewisse Ideen Gaudís wiederfinden, nicht zuletzt in der „gotischen" Wuchtigkeit und den Anspielungen auf mittelalterliche Zinnen am Fuß- und Kopfende. Die beruhigende Solidität dieses Bettes trägt zu dessen rustikalem Erscheinungsbild bei, das Gaudís Werk niemals ganz fern ist. Es unterscheidet sich allerdings beträchtlich von dem Bett, in dem Gaudí selbst während der letzten Jahrzehnte seines Lebens schlief. Nachdem er das Haus im *Park Güell* aufgegeben hatte und in sein Büro auf der Baustelle der *Sagrada Família* übergesiedelt war, um sich ganz seiner Lebensaufgabe zu widmen, verbrachte er die wenigen Stunden, in denen er überhaupt schlief, in einem klapprigen Metallbett, das unter dem schlafenden Gaudí ständig zusammenzubrechen drohte.

El Temple Expiatori de la Sagrada Família

Die Passionsfassade im Westen

Courtesy AISA

DIE drei wichtigsten Fassaden – Weihnachts-, Passions- und Glorienfassade – sollten jeweils vier Türme haben, zusammen also zwölf Türme, die für die zwölf Apostel stehen. Indem sie auf den Bischofsstab, die Mitra und den Ring anspielen, versinnbildlichen sie die Rolle der Apostel als Bischöfe Christi. Die Kirche scheint zwar einem seltsamen Mittelaltertum anzugehören, doch machte sie neben den traditionellen Formen auch von den revolutionären konstruktiven Techniken Gaudís Gebrauch. Ein guter Teil der oberen Bauelemente und auch viele der ornamentalen Details des Äußeren bestehen aus vorgefertigten Komponenten.

Gaudís Leitbild war eine Kirche, in der die Kirchengemeinde ihre Glaubensinhalte aus unmittelbarer Nähe erfahren konnte. Hierfür befreite er die Kirche vom Überfluss des gotischen Ornaments und räumte den Innenraum frei, um der Gemeinde – visuell und auch in ritueller Hinsicht – den bestmöglichen Zugang zur Messe zu gewähren. Wie in der Krypta der *Colònia Güell* – seinem „Probelauf" für die *Sagrada Família* – wandte er seine Aufmerksamkeit auf den Baum und den Bogen, um neue Möglichkeiten für die Konstruktion eines solchen Monumentalbaus zu finden.

Als Bauprojekt, über das eine private Organisation, die Associació Espiritual, Aufsicht führte, wurde die neue Kirche allein durch Spenden finanziert. Dies trug zu den beträchtlichen Verzögerungen des Baus wesentlich bei. Zu Beginn der Bauzeit merkte Gaudí jedoch bereits an, dass „Kathedralen" ohnehin das Werk mehrerer Architekten verschiedener Generationen sein sollten. Das Gegenstück der *Sagrada Família* nördlich der Alpen, der Kölner Dom, musste über 600 Jahre auf seine Vollendung warten.

El Temple Expiatori de la Sagrada Família

Die Türme der Weihnachtsfassade

Courtesy AISA

DIE vier Türme der Weihnachtsfassade – darunter der Turm des heiligen Barnabas, der einzige, dessen Vollendung Gaudí noch erlebte – sind selbst zum Wahrzeichen, oder Ideogramm, geworden, und das nicht nur für die *Sagrada* selbst, für Gaudí oder für Barcelona, sondern für ganz Spanien. In den Enzyklopädien oder Lexika architektonischer Meisterwerke ist die Weihnachtsfassade in der Regel stellvertretend für Spanien abgebildet (was die Katalanen heute wahrscheinlich ärgert).

Gaudí musste von Tür zu Tür gehen und bettelte sogar auf der Straße, um die Kirche weiterbauen zu können – die Milliarden, die die Gaudí-„Industrie" heute aufbringt, hätten zu Gaudís Lebzeiten den Bau wahrscheinlich mehrfach finanzieren können.

Die Weihnachtsfassade ist, zumindest in ihrer derzeitigen Gestaltung, die „Rückseite" der Gesamtanlage. Als die am besten wiedererkennbare und somit repräsentative Ansicht der Kirche erklärt sie Gaudís Unzufriedenheit mit den Formen der Vergangenheit, was sich nicht zuletzt in den vegetabilen Formen der Türme und den fast heidnischen Schmuckmotiven auf ihren Spitzen äußert. Kunstwissenschaftler haben in ihnen Bischofsstäbe, Zigarren und Brotlaibe gesehen. Sie ähneln auch – ob beabsichtigt oder nicht – den gerippten Turmspitzen des Kölner Doms, doch sind sie hier zu Fleisch geworden und haben Raum zum Atmen erhalten. Und tatsächlich verbergen sie, wenn man sie näher betrachtet, zwei technische Errungenschaften Gaudís. Zunächst soll jedoch die erstaunliche Detailfülle in den unteren Bereichen der Fassade beschrieben werden.

El Temple Expiatori de la Sagrada Família

Die Weihnachtsfassade

Courtesy AISA

JEDER, der auf der Aussichtsterrasse vor der *Sagrada Família* steht und versucht, ihre Einzelheiten zu deuten oder sich auch nur einzuprägen, erkennt schon bald, dass dies ein hoffnungsloses Unterfangen ist. Gaudí bedeckte die Weihnachtsfassade – die sich nach Osten wendet, um die aufgehende Sonne willkommen zu heißen – mit einer solchen Fülle von Einzelheiten, dass es an symbolische Überfrachtung grenzt. Neben der Geburt selbst gibt es Darstellungen mit den Heiligen Drei Königen und dem Morgenstern, dem zwölfjährigen Jesus im Tempel, der Flucht nach Ägypten und dem Bethlehemitischen Kindermord.

Wie schon im *Park Güell* hatte Gaudí für die drei Portale der Fassade eine spezielle Farbsymbolik vorgesehen. Nach Gaudís ursprünglichen Plänen sollten diese grün, blau und gelb sein, und die Archivolten darüber sollten der Thematik entsprechende Szenen aufnehmen. Weiter oben verteilen sich noch einige andere religiös bedeutsame Gestalten und Symbole: die Skulpturengruppe der Verkündigung, der Lebensbaum mit dem Pelikan als Sinnbild der Hostie und dem Ei mit den Initialen Jesu Christi sowie eine Vielzahl von biblischen Figuren und Szenen. In dieser komplexen Präsentation erkennt Joan Bergós eine Darstellung des dualen Wesens Christi – als Bestandteil der Heiligen Dreieinigkeit und als Sohn von Josef und Maria. In dieser Fassade scheint Gaudí seiner Fantasie freien Lauf gelassen zu haben. Kunstwissenschaftler haben kritisiert, dass ihre Gestaltung schwerfällig, ja sogar bombastisch sei.

Sanctus

EL TEMPLE EXPIATORI DE LA SAGRADA FAMÍLIA

DETAILS DER WEIHNACHTSFASSADE

Courtesy AISA

AUF den ersten Blick ist Gaudís monumentales Bauwerk eine „Kathedrale" im Stil mittelalterlicher Baukunst: Die Portale, die aufstrebenden Kirchenfenster, die schlanken Türme und auch der Skulpturenschmuck atmen scheinbar den Geist der Gotik. Doch bei näherer Betrachtung eröffnen sich eine Vielzahl von Gestaltungselementen, die den „mittelalterlichen Blick" nachhaltig irritieren: die farbenfrohen Mosaiken, die Inschriften und Bekrönungen der Türme, der Lebensbaum mit seinen leuchtenden Vögeln, die bisweilen eingesetzten reptilienartigen Schuppen und vieles andere mehr.

Ein Element aber sticht besonders ins Auge: Manchmal werden diese Motive als Eiszapfen der Geburtsgrotte, manchmal als Tränen der Reue gedeutet. Wie wir schon auf der Fassade der *Casa Milà* beobachten konnten, scheinen diese in einem Prozess des Schmelzens, der Auflösung begriffen zu sein, bei dem es sich offensichtlich um eine weitere Anspielung auf die Unbeständigkeit des Physischen, das unvermeidliche Vergehen des Fleisches handelt. Ebenso gut könnten sie auch die Tränen Gottes verkörpern. Er vergießt sie, als er sieht, wie es dem Höhepunkt seiner Schöpfung, dem Menschen, ergangen ist, seitdem er ihm seinen Sohn geschenkt hat.

EL TEMPLE EXPIATORI DE LA SAGRADA FAMÍLIA

DER BAUM DES LEBENS

Courtesy AISA

WEITER oben konnte Gaudí eine bessere Nachricht verkünden – zwischen den beiden größten Türmen, wo eine zierliche Brücke den Zwischenraum überwindet und einige der erstaunlichsten Ansichten des Bauwerks und seiner Umgebung ermöglicht. Die Zypresse mit ihren leuchtenden Farben steht zwar im Schatten der Turmspitzen, doch mit ihrem blutroten Taukreuz als Christussymbol steht Gaudís Hinwendung zur Farbe ganz im Zentrum der Weihnachtsfassade.

Der Lebensbaum selbst ist ein Symbol für die Ewigkeit, für Ausdauer, moralische Integrität und anderes mehr. Der Pelikan an seinem Fuß, der die eigene Brust zerreißt, um seine Jungen füttern zu können, symbolisiert sowohl die Hostie als auch die Auferstehung. Auf Fotografien ist dies schwer zu erkennen, doch sitzt er auf einem glänzend goldenen Ei, auf das die hellroten Initialen Jesu Christi geschrieben sind und von dem man glaubt, dass sich in ihm ein Hinweis auf die Ursprünge des Universums und der Menschheit findet.

Die sieben Stufen auf beiden Seiten des Zypressenstamms stehen für die Mühe, die es kostet, ins Paradies zu gelangen, und die weißen Alabastertauben, die in den Ästen des Baums sitzen, sind die reinen Seelen, die zum Himmel emporsteigen (die oberste ist wahrscheinlich schon dort angekommen). Der Alabaster, von dem das Licht auszustrahlen scheint, gewährleistet, dass die Tauben auch von unten gut sichtbar sind. Was jedoch an diesem Teil der Fassade besonders bemerkenswert ist, ist sein Detailreichtum – das sich um das Tau windende Kreuz, die fast kubischen Seitenflächen des Taus und das *trencadís*, das beide Motive überzieht.

EL TEMPLE EXPIATORI DE LA SAGRADA FAMÍLIA

DIE TURMSPITZEN

Courtesy AISA

SCHON Jahrzehnte bevor Gaudí einen Teil seiner Arbeiten an der *Sagrada Família* beenden konnte, hatte er religiöse Inschriften an seinen Gebäuden hinterlassen. Als ob der Symbolgehalt der Weihnachtsfassade als Botschaft nicht umfassend genug wäre, wurden auch die nach oben strebenden Türme als „Anzeigetafeln" eingesetzt. Doch sind die in leuchtenden Farben gestalteten Inschriften „Hosianna!" und „Sanctus" vom Boden aus kaum zu erkennen.

Auch in den üblichen Ansichten der Türme sind einige faszinierende kleinere Details zu sehen. Wie schon weiter oben bemerkt, ist die Technik des *trencadís*-Mosaiks, die im *Park Güell* bereits ausgereift war, in der *Sagrada Família* zu ihrem unübertroffenen Höhepunkt gelangt. An den Turmspitzen schuf Gaudí Kronen oder Schmucksteine aus *trencadís*, die an einige der Rundformen auf dem Dach des *Palau Güell* erinnern. Manche dieser Rosen ähnlichen Formen und auch ein Teil der sie umgebenden Steinmetzarbeiten sind nach innen gewölbt und mit gelb oder golden glasierten Fliesensplittern überzogen. Selbst wenn man sie aus der Nähe, von den Balkons oder den Fenstern der angrenzenden Türme aus betrachtet, scheinen sie Licht auszustrahlen, als ob sie von innen erleuchtet würden. An einem sonnigen Tag muss der Besucher zweimal hinschauen, um sich davon zu überzeugen, dass sie nicht elektrisch beleuchtet sind. Diese einfallsreiche und dennoch einfache Technik hätte die *Sagrada Família*, wenn Gaudís Pläne für ihre Vollendung und ihre Illumination verwirklicht worden wären, in einen funkelnden Himmelsball verwandelt.

EL TEMPLE EXPIATORI DE LA SAGRADA FAMÍLIA

DAS TURMINNERE

Courtesy AISA

DIE Türme bergen noch weitere Überraschungen, zu denen nicht zuletzt die exquisiten Treppen gehören, die sich wie Spiralen an jeder Seite der Fassade gegenläufig in die Höhe winden. Gaudí berechnete die Dimensionen der Treppen so, dass die schmale Innenseite einen dem Besucher willkommenen Handlauf bildete und kein Geländer angefertigt werden musste.

Gaudís Bemühen um das Detail ließ ihn eingehende Untersuchungen der Optionen für die Kirchenglocken und die Akustik durchführen, die den Klang der Glocken übertragen sollte. Diese sollten nicht nur die Stunden schlagen und den Beginn der heiligen Messe und anderer Veranstaltungen ankündigen, sondern auch besondere kirchliche Zeremonien begleiten. Nicht zuletzt sollte man sie schon von weitem hören können. Gaudí stellte sich vor, dass sie auch Prozessionen und andere Ereignisse in der Nachbarschaft der Kirche untermalen sollten – daher rühren die nach unten führenden Schächte in den Türmen, die den Klang der Glocken nach außen sowie ins Kircheninnere tragen sollten. Nachdem er die möglichen Alternativen geprüft hatte, ersann Gaudí ein Glockenspiel aus aufeinander abgestimmten Glocken, die, wenn man sie in bestimmten Abfolgen anschlug, durchdringende, orgelähnliche Akkorde erzeugen sollten, die durch die ganze Kirche hallten und auch außen zu hören waren. Die feinen Wirbel der Spiraltreppen in den Türmen waren im Hinblick darauf konzipiert worden, dass sie eigens entworfene Klangröhren aufnahmen, die frei im Zentrum der Spirale hängen sollten (doch wehe dem Besucher, der sich auf der Treppe befände, wenn diese Röhrenglocke geläutet würde).

EL TEMPLE EXPIATORI DE LA SAGRADA FAMÍLIA

DETAILS DER FASSADE

Courtesy Richard Bryant/Arcaid

DAS überaus vielschichtige symbolische Netz, das Gaudí in die Fassade der *Sagrada Família* wob, ist in der Menge seiner Details und der Vieldeutigkeit seiner Anspielungen überwältigend.

Der heilige Matthäus beobachtet die Szene der Geburt Christi. Er ersetzte Judas Iskariot als Apostel und ist einer der Autoren der vier Evangelien. Matthäus sitzt auf einer Kugel und auf einem flüssig anmutenden Motiv, das sich Gaudís Lieblingsform für stützende Elemente, der Spirale, annähert. Die Turmspitze weiter rechts erinnert an den saurierartigen Panzer auf dem Dach der *Casa Batlló*, weiter unten löst sich die Steinmetzarbeit in Tierköpfe auf. Die Turmspitze wird von einer vegetabilen Form bekrönt, halb Pilz, halb Distel. Anklänge an diese vegetabilen Formen finden sich auch an den in den Nischen versenkten Säulen.

Am ungewöhnlichsten ist die Symbolik vielleicht insofern, als sie auf die Formen der Gotik anspielt. Nach der Vorgabe von Viollet-le-Duc, dass die Vergangenheit nicht wiederholt, sondern verbessert werden soll, erbaute Gaudí seine „Kathedrale" des 20. Jahrhunderts, indem er Beton einsetzte, was dem allerneuesten Stand der Technik entsprach. Er verkleidete den Beton jedoch so, dass man meinen könnte, das Gebäude sei 500 Jahre alt. Dies entsprach dem ursprünglichen Auftrag der Associació Espiritual de Devots de Sant Josep an Francisco Villar. Gaudís Auslegung der Anweisung, „die Kirche in das Leben der Menschen zurückzubringen" und ihre Stellung vor den Karlistenkriegen wiederzuerlangen, ist typisch. Er ertrug keine Einschränkungen seiner Arbeit und folgte doch den Anweisungen genau.

El Temple Expiatori de la Sagrada Família

Die Türme der Passionsfassade

Courtesy AISA

GAUDÍ hatte für die *Sagrada Família* zwölf Türme als Sinnbilder der zwölf Apostel vorgesehen – je vier an den drei Hauptfassaden. Außerdem waren fünf weitere für die vier Evangelisten und die Jungfrau Maria sowie ein Turm als Symbol Jesu Christi geplant.

Gaudí selbst allerdings erlebte nicht einmal mehr die Vollendung der Türme der Ostfassade. Erst nach seinem Tod wurden die noch Fehlenden unter der Leitung seines Mitarbeiters Sugrañes entsprechend Gaudís Originalplänen und -modellen fertig gestellt. Heute hat auch die Passionsfassade weitestgehend Gestalt angenommen, und ihre Türme folgen in ihrer Bauweise denjenigen der Weihnachtsfassade: Die etwa hundert Meter aufragenden Spitztürme (der Hauptturm sollte sogar stolze 170 Meter messen) dienen als Einrahmung der drei Portale und zeigen eine höchst erstaunliche Wandlung des traditionellen gotischen Bauelements. Im unteren Teil rechteckig begonnen, setzen sie sich nach oben hin als parabelförmig gerundete Türme fort, die nichts mehr mit ihren mittelalterlichen Vorbildern gemeinsam haben – eine höchst erstaunliche formale Neuerung Gaudís, die im *Colegio de Santa Teresa de Jesús* erstmals Anwendung gefunden hatte. Zwar verjüngen sich die Türme nach oben hin und streben ebenso wie diejenigen der Gotik schlank in die Höhe, doch wird der Aufwärtsdrang der kunstvoll gestalteten, farbigen Turmspitzen durch die außergewöhnlichen Abschlussknäufe gestoppt.

Aus der Ferne betrachtet wirken die aufragenden Türme wie riesige Bischofsmützen – ein Tribut an die zwölf Apostel. Längst sind sie zu einem Wahrzeichen Barcelonas geworden.

Sanctus Sanctus Sanctus
Sanctus Sanctus Sanctus
Sanctus Sanctus
Sanctus Sanctus Sanctus
Apostol
Apostol
Apostol

EL TEMPLE EXPIATORI DE LA SAGRADA FAMÍLIA

SKULPTUREN DER PASSIONSFASSADE

Courtesy Richard Bryant/Arcaid

MIT dem Skulpturenschmuck der Passionsfassade wurde erst im Jahr 1988 begonnen, als der Bildhauer Josep Maria Subirachs den Auftrag erhielt, Gaudís Skizzen zu interpretieren. Subirachs vertiefte sich einige Jahre lang in das Werk Gaudís und die wenigen Schriftzeugnisse aus seinem Nachlass. Wissenschaftler wie Robert Hughes mögen Einwände bezüglich seiner Gestaltungsweise haben, doch bereicherte Subirachs das Bauwerk Gaudís durch seine verschiedenen Szenenfolgen – von dem Verrat beim Hahnenschrei bis zur Kreuztragung auf den Kalvarienberg – mit einer fesselnden, düsteren Darstellung der Passionsgeschichte.

Das dargestellte Tableau beginnt mit dem Verrat Judas' an Christus mit einem Kuss und, hier allerdings nicht sichtbar, mit dem Hahnenschrei, von dem Christus vorausgesagt hatte, dass Petrus ihn bis zu diesem Zeitpunkt verleugnet haben würde. Josep Subirachs fügte ein merkwürdiges Detail hinzu, ein geheimnisvolles Steinquadrat, das mit scheinbar willkürlichen Zahlen beschrieben worden ist. Wie man sie auch immer zusammenzählt, ergeben sie eine Summe von 33, das Alter Christi zum Zeitpunkt seines Todes. Die Fassade wurde zwar erst Jahrzehnte nach Gaudís Tod begonnen, doch wird deutlich, dass das Grauen, von dem Gaudí befürchtete, dass es mögliche Geldgeber abschrecken würde, seinen Absichten voll und ganz entsprach – eine immerwährende Predigt über das Höllenfeuer für die Sünder in Barcelona. Es verwundert deswegen kaum, dass einige von ihnen 1936 versuchten, die Kirche in Brand zu setzen.

1 14 14 4
11 7 6 9
8 10 10 5
13 2 3 15

El Temple Expiatori de la Sagrada Família

Skulpturenschmuck am Portal der Liebe

Courtesy Richard Bryant/Arcaid

DIE *Sagrada Família* erhielt ein ausgefeiltes symbolisches Programm, das sich vor allem im überbordenden Skulpturenschmuck des Außenbaus niederschlägt. Jede ihrer Fassaden ist einem anderen Aspekt des Lebens Christi gewidmet. Die nach Osten gewandte und 1893 als erste begonnene Weihnachtsfassade schildert das irdische Leben Christi. Ihre heftig bewegte Außenansicht enthält zahlreiche Figurengruppen und Einzeldarstellungen. Das Portal der Hoffnung zeigt den Kindermord von Bethlehem und die Flucht nach Ägypten, bekrönt durch die allegorische Darstellung des Berges Montserrat. Das Portal des Glaubens stellt den jungen Christus als Prediger dar sowie die Offenbarung der Engel. Das große, zentrale Portal der Liebe ist überzogen mit einer Vielzahl von Episoden und Szenen in lockerer Verbindung mit dem ornamentalen architektonischen Formenspiel. Hier findet sich Mariä Verkündigung neben der Krönung der Muttergottes, der Geburt Christi und musizierenden Engeln.

Gaudí wäre sicherlich unzufrieden mit der heutigen Naturbelassenheit des Steins, denn sein Symbolprogramm sollte sich keineswegs im Skulpturenschmuck erschöpfen – wie auch bei anderen seiner Bauwerke plante er eine farbige Gestaltung der Fassaden. Während die Ostfassade in helle, freundliche Farben getaucht werden sollte, waren für die dem Leiden Christi gewidmete Westfassade eher düstere Töne vorgesehen.

EL TEMPLE EXPIATORI DE LA SAGRADA FAMÍLIA

DIE TURMINSCHRIFTEN

Courtesy Richard Bryant/Arcaid

HOCH oben, an den Türmen der *Sagrada Família* wollte Gaudí mit der Inschrift „hosanna in excelsis deo“ Gott besingen. An einem weiter unten befindlichen Teil der Türme erkennt man vegetabile Motive, die sich bei näherer Betrachtung als Getreideähren entpuppen, darunter eine Weizenähre, die als Symbole für das höchste religiöse Streben gedeutet worden sind.

Die psychedelischen Weihnachtsbäume, die an einigen Stellen des Gebäudes erscheinen, sind nicht einfach zu entschlüsseln, wie auch die *trencadís*, die zur Zeit ihrer Entstehung unbewusst die Linien, Blickwinkel und Farben des Kubismus widerspiegelten, der seinen Siegeszug durch die Kunstgalerien Europas antrat. Und es gelingt uns auch nicht, eine herkömmlichen Vorstellungen entsprechende Erklärung für die seltsamen Kronen aus Kugeln zu finden, welche die Kreuze auf den Turmspitzen zieren. Diese vielfarbigen Wucherungen aus melonenartigen Kugeln könnten Früchte und die Fruchtbarkeit versinnbildlichen.

Angesichts der Tatsache, dass Gaudí hier praktisch dieselben Farben wie im fantastischen Dachgarten des *Palau Güell* verwandte, ist es jedoch möglich, dass in diesen prächtigen Lichtkörpern eine andere, weltliche (vielleicht auf Katalonien oder die Jocs Florals bezogene) Agenda am Werke ist. Da sich kein endgültiger Beweis erhalten hat, ist dies schwer zu sagen. Wie bei so vielen Aspekten, die Antoni Gaudís Leben und Werk betreffen, wird es immer offene Fragen zu seinen Absichten, seinem Glauben und selbst zu seiner religiösen Hingabe geben. Dies ist auch einer der Hauptgründe dafür, dass er uns noch immer fasziniert und in seinen Bann zieht.

EL TEMPLE EXPIATORI DE LA SAGRADA FAMÍLIA

DIE PASSIONSFASSADE

Courtesy AISA

SEINE Freunde hatten versucht, Gaudí davon zu überzeugen, die Passionsfassade als erste zu errichten, denn sie wendet sich der Stadt zu und hätte als Schaufassade die Vorübergehenden auf das im Entstehen begriffene Bauwerk hingewiesen. Antoni Gaudí lehnte dies jedoch ab und behauptete, dass seine Darstellungsweise der Passion die Menschen, und insbesondere potenzielle Geldgeber, abschrecken würde. Er wollte, dass diese Eingangsseite mit ihrer Fassade, deren vollständige Bezeichnung „Passions- und Todesfassade“ lautet, den Tod als eine „blutige Angelegenheit“ zu erkennen gibt.

Der von dem Bildhauer Josep Maria Subirachs in jüngster Zeit ausgeführte Skulpturenschmuck an der Fassade mit seiner düsteren Interpretation der Passionsgeschichte folgt den Skizzen Gaudís. Dessen Handzeichnungen zeigen ein Panorama mit Szenen aus dem Leben Christi, die von der Nacht im Garten Gethsemane bis zu seinem Tod auf Golgatha reichen und in deren Zentrum sich die Kreuzigung befindet. Als Subirachs den Auftrag angenommen hatte, befand er sich sofort inmitten einer Kontroverse, die hauptsächlich dadurch ausgelöst wurde, dass es eine lautstarke Lobby gab (und noch immer gibt), die jegliche Arbeit anderer Künstler am Bauprojekt Gaudís als Sakrileg betrachtete.

Heute, mehr als 125 Jahre nach ihrem Baubeginn, ist die *Sagrada Família* fast so weit von ihrer Vollendung entfernt, wie sie es am Tag von Antoni Gaudís Tod war. Wenig deutet darauf hin, dass sie jemals vollendet werden wird. Gaudí hätte diese Ironie sicherlich zu würdigen gewusst.

El Temple Expiatori de la Sagrada Família

Die Pfarrschule der Sagrada Família

Courtesy Institut Amatller d'Art Hispànic

HEUTE ist die kleine Schule rechts von der Passionsfassade der einzige verbliebene Hinweis auf das umfassende soziale Programm, das Gaudí mit der *Sagrada Família* verband. Wenn seine „Kathedrale" zu einem Signalfeuer und zum Brennpunkt für das Wiedererstehen der Spiritualität werden sollte, war es auch nötig, dass sie sich in der materiellen Welt der Gemeinde engagierte, der sie diente und die sie vielleicht sogar dominierte. Gaudí war der Ansicht, dass die Kirche nicht nur als Träger eines Bildungsprogramms und geselliger Ereignisse auftreten, sondern sich auch in das alltägliche Leben der Gemeindemitglieder einbringen sollte.

Das einzige, was von Gaudís Programm verwirklicht wurde, war die kleine Schule auf dem Kirchengrundstück. Das in den Jahren 1909/10 erbaute Haus weicht von den Plänen für die *Sagrada Família* völlig ab und verweist auf frühere Bauprojekte Gaudís. Am auffälligsten ist, dass das wellenförmige Dach an die Welle bei den Mauern der 1901/02 errichteten *Finca Miralles* erinnert. Gaudí entwickelte diese Mauern jedoch weiter und ließ hier die Wellen in einem gegenläufigen Rhythmus über das Dach laufen. Der Anblick, der sich von jeder Seite bietet, ist der einer zweiten Wellenreihe hinter dem Wellental der näher gelegenen Reihe. Gaudí stülpte die Wellen auch um und ließ sie sich auf der Außenmauer des Gebäudes kräuseln, womit er eine der *Casa Milà* nicht unähnliche Gestaltung schuf. Die Schule gehörte zu den weniger wichtigen Werken Gaudís und steht ganz im Schatten der Kirche, doch wie die Eingangspavillons zum *Park Güell* ist sie ein exquisites kleines Bauwerk.

EL TEMPLE EXPIATORI DE LA SAGRADA FAMÍLIA

INNENANSICHT DER PFARRSCHULE DER SAGRADA FAMÍLIA

Courtesy Institut Amatller d'Art Hispànic

DIE Schule der *Sagrada Família* dürfte das einzige Projekt sein, das die didaktischen Funktionen, die Gaudí in so viele seiner Gebäude integrierte, auch tatsächlich erfüllte. Gaudí gelang es sogar, eine kleine Skulptur von Sant Jordi, dem heiligen Georg, oberhalb der Tür zu platzieren, um, wie er sagte, die Schüler über den Schutzheiligen ihrer Stadt und ihres Landes zu informieren.

Heute ist die Pfarrschule der *Sagrada Família* einer der für Besucher nicht zugänglichen Bereiche und wird für die noch immer andauernden Bauarbeiten an der Kirche benutzt. Auch ein benachbartes Gebäude verdient Erwähnung, nicht zuletzt aufgrund seiner Bezüge zur Kirche, zu ihrem Architekten und der von der Schule geleisteten Bildungsarbeit. Als Gaudí sein Haus im *Park Güell* aufgab, um auf der Baustelle der *Sagrada Família* zu leben, erbaute er seinen *obrador*, sein Atelier, neben der Schule. Wie die Schule unterschied sich auch dieses Gebäude grundsätzlich von der Architektur der Kirche durch seine schwungvolle Bewegung. Der *obrador*, der Gaudí als Studio und als Unterrichtsstätte für eine kleine Gruppe seiner Architekturschüler diente, war wie die Pfarrschule ein exquisites kleines Bauwerk, das von einer avantgardistischen Haltung zeugte. Die Wellen der Schule türmten sich hier zur rauen stürmischen See auf. Kleine Minarette brachen aus den Ecken eines Quadrats hervor, das von fantasievollen Bögen überfangen wurde. Der *obrador* brannte während des Spanischen Bürgerkriegs aus, doch wie die Kirche wird er nach und nach wieder aufgebaut.

GLOSSAR

Abfasung Ecke, deren Spitze abgeschnitten wurde.

Archivolte Ungestaltete oder profilierte Leiste, die parallel zur Rundung eines (Tor)- bogens verläuft.

Art nouveau Stilströmung insbesondere der angewandten Kunst in Frankreich seit den 1890er-Jahren, die sich durch die Natur und gewundene Formen von Pflanzen inspirieren ließ.

Basilika Bautypus von Kirchen mit einem höheren und eigenständig beleuchteten Mittelschiff sowie zwei oder mehr niedrigeren Seitenschiffen, häufig mit Querschiffen,Vierung, Chor und Apsis.

Casa pairal Katalanischer Begriff für das Heim der Familie (meist auf dem Land). Zudem Symbol für die katalanische Familie sowie die katalanische Identität und Kultur.

Dada 1916 von Hans Arp, Hugo Ball und Tristan Tzara gegründete Kunstbewegung, die provokativ für Anarchie und Unsinn eintrat und „Readymades" aus aufgefundenen Gegenständen herstellte (wie etwa Marcel Duchamps Urinal mit dem Titel *Fountain*).

Dreipass Aus drei Dreiviertelkreisen zusammengesetzte Form, Kleeblattform.

Eixample Die „Erweiterung" des alten Barcelona über die ehemaligen Stadtmauern hinaus. In dem neuen Stadtteil mit einem rasterartigen Straßensystem befinden sich viele der bedeutendsten Bauwerke Gaudís.

Erker Aus der Mauerflucht hervorstehender, häufig reich verzierter und häufig durchfensterter Vorbau, in oberen Stockwerken von Konsolen gestützt.

Espantabrujera Aus den spanischen Worten *espantar* (abschrecken) und *bruja* (Hexe), wörtlich also „Hexenabschrecker". Ein vor allem in ländlichen Gebieten gebräuchlicher, einem Kopf ähnlicher Schornsteinaufsatz, der Hexen daran hindern soll, auf dem Hausdach zu landen.

Futurismus Vom italienischen Dichter Filippo Marinetti mit dem ersten *Futuristischen Manifest* (1909) begründete Kunstrichtung, die den Krieg, die Geschwindigkeit von Automobilen und die kinetisch begründeten Formen von Maschinen verehrte.

Gotik Architekturstil in Nordeuropa vom 12. bis 16. Jahrhundert, zu dessen typischen Elementen Strebepfeiler und Decken in Form von Kreuzrippengewölben zählen.

Impressionismus Französische Kunstrichtung, die sich im letzten Viertel des 19. Jahrhunderts in Frankreich und danach in anderen Ländern durchsetzte. Zu ihren Vertretern gehören Claude Monet, Auguste Renoir und viele andere Künstler. Die Impressionisten wollten die Landschaft als flüchtigen Augenblick, als „Impression", mit einer stimmungsvollen Beleuchtung darstellen.

Jocs Florals (deutsch: Blumenspiele): Erstmals im 14. Jahrhundert in Katalonien veranstaltetes Lyrik- und Kunstfestival, das mit den mittelalterlichen Troubadouren in Verbindung gebracht wird. Im 16. Jahrhundert nicht mehr veranstaltet, doch in den 1850er-Jahren als Vermittler der kulturellen Vorstellungen des Katalanismus erneut aufgenommen.

Katalanismus Kulturelle und politische Bewegung in Katalonien, die sich in der Mitte des 19. Jahrhunderts zusammenfand und die katalanische Sprache, Kultur und Identität förderte.

Kettenbogen Bogen, der sich durch die Form einer Kette oder eines anderen Materials durch dessen Aufhängung zwischen zwei Punkten (z. B. an einer Decke oder an zwei Säulen) ergibt.

Konsole Zumeist aus einer Wand hervorstehende, häufig aus Stein oder Ziegel bestehende Stütze, die ein Obergeschoss oder ein anderes architektonisches Element trägt.

Llar de foc Die Feuerstelle als Mittelpunkt der Familie (typischerweise in einer ländlichen *casa pairal*), gilt als zentrales Symbol des in gleichem Maße symbolischen katalanischen Heims.

Mittelschiff Der mittlere Raum in einer Kirche, in der Regel zwischen dem Eingang im Westen und dem Altar im Osten.

Modernisme/modernista Substantiv und Adjektiv für die „moderne" Kunstrichtung, die von den 1870er-Jahren bis in das erste Jahrzehnt des 20. Jahrhunderts in Barcelona ihre Blütezeit hatte und vom französischen Art nouveau und vom deutschen Jugendstil inspiriert war. Fälschlicherweise wird Gaudí häufig zu den *modernistas* gezählt. Ein typischerer Vertreter ist z B. Lluis Domènech i Montaner.

Mudéjar Im Gegensatz zur Bezeichnung „maurisch" bezeichnet Mudéjar die durch die maurische Baukunst beeinflusste spanische Architektur der Jahrhunderte vor der Reconquista (1080–1492), die auch von den Architekten und Künstlern des *modernisme* geschätzt wurde.

Parabelbogen Ein Bogen, der durch einen aufrecht stehenden Kegel definiert wird, welcher von einer parallel zu seiner Seite verlaufenden, imaginären Fläche geschnitten wird, z. B. der Bogen des Eingangs zum *Palau Güell.*

Portikus Überdachter Eingang, Vorhalle.

Ruralismus Richtung der angewandten Kunst im Großbritannien des ausgehenden 19. Jahrhunderts, welche die ländliche Handwerkskunst idealisierte und förderte.

Schlussstein Der mittlere, häufig künstlerisch bearbeitete Stein in einem Bogen, einer Decke oder einer Kuppel.

Semana tràgica Arbeiteraufstand im Februar 1909, der sich zu Gewalttätigkeiten gegen die als Komplize der Regierung angesehene katholische Kirche ausweitete.

Spiralsäule Säule, die sich in einer zylindrischen Spirale nach oben windet.

Talaiot Prähistorische Steinarchitektur in den ländlichen Gebieten der Inseln Mallorca und Menorca.

Torre Turm. In der katalanischen Umgangssprache auch Bezeichnung für einen zweiten, in der Regel auf dem Land gelegenen Wohnsitz.

Trencadís Vom katalanischen Verb *trencar* (zerbrechen) abgeleitet – ein Mosaik, das aus absichtlich zerschlagenen (und nicht durch Zufall zerbrochenen) Materialien besteht. Robert Hughes und andere Wissenschaftler schreiben Gaudí die „Erfindung" dieser Collagetechnik zu.

Vortizismus 1914 vom Schriftsteller und Maler Wyndham Lewis in Großbritannien gegründete Kunstrichtung, welche kubistische und futuristische Techniken verwendete, um die kinetischen „Vortices" (d. h. die Spiralen oder Wirbel) des modernen Lebens zu reflektieren.

Zinne rechteckiger Einschnitt, zumeist in einer Mauer, z. B. als oberer Teil einer Festungsmauer.

Weiterführende Literatur

Bassegoda i Nonell, Joan: La Pedrera de Gaudí, Barcelona: Fundació Caixa de Catalunya, 1989
Bassegoda i Nonell, Joan: Antonio Gaudí, Master Architect, New York und London: Abbeville Press, 2000
Bergós i Massó, Joan: Gaudí, der Mensch und das Werk, Ostfildern-Ruit: Hatje Cantz, 2000
Carandell, Josep M. und Pere Vivas: Park Güell. Gaudís Utopie, Sant Lluís/Menorca: Triangle Postals, 1998
Carandell, Josep M. und Pere Vivas: El Templo de la Sagrada Família, Sant Lluís/Menorca: Triangle Postals, 1998
Collins, George: Antoni Gaudí, Ravensburg: O. Maier, 1960 (2. Auflage 1962)
Gómez Serrano, Josep: L'obrador de Gaudí, Barcelona: Editions UPC, Universitat Politecnica de Catalunya, 1996
Güell, Xavier: Antoni Gaudí, Zürich: Verlag für Architektur Artemis, 1987
Kent, Conrad und Prindle, Dennis: Park Güell, New York: Princeton Architectural Press, 1993
de Solà-Morales, Ignasi: Fin de Siècle Architecture in Barcelona, Barcelona: Editorial Gustavo Gili, 1992
Zerbst, Rainer: Gaudí 1852–1926. Antoni Gaudí i Cornet – ein Leben in der Architektur, Köln, London, Los Angeles, Madrid, Paris, Tokyo: Taschen, 1985

WEBSITES

Zentrum für Gaudí-Studien:
Offizielle Website des Centro de Estudias Gaudínistas in Barcelona
http://www.fut.es/~ceg

Gaudí Club: Ein Internetclub für Gaudí-Liebhaber, mit Bildern, Warensortiment, Informationen zu Konferenzen, Reisen und Führungen
http://www.gaudiclub.com

Die offizielle Website der *Sagrada Família*
http://www.sagradafamilia.org